009

학지컴인사이트총서

C

나는 오늘부터

홍경수 저

힘센 기획자가

I Decided to Be a
Strong Contents Planner
From Now On

되기로 했다

학지사

우울증을 치유하는 기획 강의

'어떻게 하면 새로운 생각을 건져 올릴 수 있을까?'

15여 년을 방송사에서 PD로 일할 때 나와 함께 다닌 질문이었다. 세상을 움직이는 대단한 선배들에게 기회가 될 때마다 물었다. 그분들의 풍부한 경험은 좋은 참고가 되었지만, 나의 답은 아니었기 때문에 직접 부딪치며 '낯설고 새로워 감탄할 만한 것'을 만드는 방법을 찾아 나갔다. 예능과 교양, 시사 등 다양한 분야의 프로그램을 기획하며 다행히 창의적인 PD라 칭찬받는 행운을 얻었고 후회 없이 PD로서의 시간을 보냈다. 그리고 대학에 왔다.

나는 13년 넘게 학교에서 창의적인 기획법, 콘텐츠를 기획하는 법을 가르치고 있다. PD라는 경험을 통해 기획의 비밀을 터득하는 것과 누군가에게 전수한다는 것은 완전히 다른 일이었다. 선배들에게 들었던 것처럼 나의 기획 경험을 단지 전하는 것만으로는 부족하다는 것을 금방 알게 되었다. 콘텐츠를 기획하는 데 도움이 될 만한 학술적 토대를 찾아내 지금의 콘텐츠와 연결시키는 연구가 필요했고, 이 방식으로 가르쳐 왔다. 학생들은 다소 의외의 지점에서 반응했다.

매 학기 강의가 끝난 뒤에 학생들의 강의 소감을 읽는다. 인상적인 것은 강의를 통해 우울감을 극복했다는 학생이 적지 않다는 것이다. 더불어 젊은 청년들이 이토록 많이 우울증을 앓고 있다는 것을 알고는 놀랐다. 기획법을 가르치는 강의인데, 학생들은 자신의 우울한 상태를 치유하는 효과를 얻었다니, 선생으로서 가장 큰 보람이 느껴지는 경험이기도 했다. 그래, 기획 강의를 통해서 우울감을 느낀 자기 자신을 활기차게 바꿀 수 있다면, 그보다 더 절실하고 혁신적인 기획이 따로 없을 것이다. 내가 개설한 3개의 과목을 모두 수강했던 한 학생은 다음과 같은 소감을 남겼다.

"교수님과 함께하는 매 수업시간이 일주일 중 제가 가장 살아 있는 날들이었습니다. 학우들과 열띠게 서로의 의견을 나누고, 매주 3개의 WIU[1](복습과제)와 3개의 과제를 해내며 저는 그 어느 때보다 뜨겁게 살았습니다. 정말 많이 힘들었지만 단 한 번도 포기는 하지 않았습니다. 매

---

1) What I Understood의 약자로, 한 주 강의 내용의 요약과 자신의 소감을 정리하는 활동

순간 최선을 다하려고 노력하는 저 자신을 보면서 스스로가 정말 대견하고 뿌듯하게 느껴졌습니다. 과거에 우울했던 저 자신은 떠난 지 오래, 이제는 콘텐츠를 향한 열정으로 눈빛이 반짝반짝 빛나게 되었습니다."

3과목 모두 최고의 성적으로 수강한 학생은 졸업하고 스튜디오드래곤에서 〈스위트 홈 2〉의 조연출로 열심히 일하고 있다.

"저는 줌을 통해 발표하는 것 또한 많이 떨렸지만 교수님께서 항상 고개를 끄덕여 주신 덕분에 많은 용기와 자신감을 얻고 발표할 수 있었습니다. 마지막 수업 때 교수님께서 "수고하셨습니다."라고 하셨을 때 정말 오래 사귄 애인을 떠나보내는 것처럼 슬펐습니다. 그 말 한마디가 어쩜 그렇게 울컥하게 만드는지…… 온라인상으로 강의를 들었지만 정이 정말 많이 들었던 것 같습니다. 교수님, 직접 만나서 수업을 못 들은 것은 정말 아쉽지만 그래도 화상을 통해 기획하는 법을 누구보다 열정적으로 가르쳐 주셔서 너무 감사합니다."

코로나19로 시작한 첫 번째 비대면 강의를 수강한 학생의 소감은 가르치는 것이 정보를 전달하는 데서 그치는 것이 아니라, 성장을 지켜보고 관심을 온전히 쏟는 일이라는 진실을 깨닫게 해 준다.

한 학생(김지영)은 강의를 들은 후 '나는 기획자가 되기로 했다'는 다짐을 적었고, '코로나19로 대면강의를 듣지 못한 불운의 20학번의 마음을 어루만져 준 강의'라고 소감을 밝혔다. 책의 제목은 학생의 다짐에서 힌트를 얻었다.

힘센 기획자는 세상을 구하는 히어로다

기획에 대한 강의를 시작하며 나는 만유인력의 법칙을 인용한다. 물리학에서 질량을 가지고 있는 모든 물체는 인력을 가지고 있듯, 메시지를 가지고 있는 모든 콘텐츠는 힘이 있다. 콘텐츠는 감동을 만들고 그 감동은 사람으로 하여금 움직이게 한다. 콘텐츠를 기획하는 자가 세상을 바꿀 수 있기에, 기획의 숭고함이 가능한 것이다.

하지만 모든 기획자가 세상을 구하는 것은 아니다. 세상을 구하려면 악당을 물리칠 만큼 힘이 세야 한다. 이 악당에는 변화를 두려워하는 관성, 귀차니즘, 대충주의, 빨리빨리, 효율지상주의 등이 포함될 것이다. 모두 기획자가 쉽게 타협하기 쉬운 습관이다. 힘센 기획자가 되기 위해서는 기획의 근력을 키워야 하고, 기획의 접근법을 창의적으로 개조해야 한다. 한 학생(오혜수)의 소감은 이 책의 제목을 완성하는 데 영감을 주었다.

"콘텐츠는 각 사람과 사람 사이의 에너지로부터 만들어지며 다시 사람들의 에너지가 되는 순환을 반복한다. 이러한 힘이 반복되며 사이클을 형성하고, 결국 세상을 움직이게 하는 힘이 된다. 콘텐츠를 만드는 기획자는, 그러니까 우리는 힘이 세다. 이미 어릴 적 수많은 동화책과 유치원에서 배웠다. 힘이 센 사람은 그 힘을 어떻게 써야 할까? 약한(그 힘이 필요한) 사람들을 도와주고 사랑하는 사람을 지킨다! 그렇다. 기획자는 이 시대의 히어로다."

힘센 기획자에겐 설득력이 필요하다

세상에 없던 콘텐츠를 기획하는 일은 물의 흐름을 바꾸는 일처럼 힘이 든다. 그래서 힘센 기획자가 되는 일은 만만치 않다. 자신이 맡은 직무를 제로세팅하고 다시 펼쳐 보기 위해 힘겹게 에너지를 쓰려고 할 때쯤, 주변의 만류가 들어온다. 새로운 접근법을 제안하는 것을 생각하기만 해도 머리가 무거워진다. 부서 회식을 위해 지금까지 가던 삼겹살집을 바꾸는 것도 얼마나 어려운 일인가? 본질은 설득이다. 새로움은 주변과 공유하고 그들의 지지를 얻어 내야 탄생한다. 누군가를 설득하기 위해서는 충분한 근거와 논리를 마련해야 하고 그와 함께 영혼을 움직이는 힘이 필요하다. 이 힘을 얻기 위해서는 새로운 생각의 방법을 스스로 찾아야 한다.

남을 바꾸는 콘텐츠를 기획하려는 사람이라면 자기 자신을 바꾸는 게 당연하다. 자신을 바꾸지 못하는 사람이 어떻게 남을 설득하며, 세상을 변화시킬 수 있을 것인가. 힘센 기획자로 거듭나기 위해서는 지금 당장 자신을 바꾸는 기획의 길에 들어서야 한다. 그래야 자신의 기획에 설득력이라는 힘이 붙는다.

K 콘텐츠 기획의 비결을 온 세상이 배우고 있다

방송사 신입 시절 『나이들면 뭐할까?』라는 책의 원고를 써 달라는 요청을 받았다. 30년 후를 상상하며 나는 대학에서 학생들을 가르칠 것이라고 예상하며 글을 썼다. 연구실에서 여러 대의 모니터로 방송 프로그램을 보고, 전 세계의 방송사로부터 한국 오락 프로그램이 왜 인기가 있는지 원인을 분석해 달라는 강의 요청을 받을 것이라 썼다. 놀랍게도 이 예측은 얼마 안 되어 현실이 되었다. 한류의 인기가 아시아를 넘어 전 세계로 확산되었고, 〈오징어 게임〉과 〈이상한 변호사 우영우〉 등 한국 드라마는 OTT 플랫폼을 통해 수많은 국가에서 가장 즐겨 보는 콘텐츠가 되었다. 바라던 대로 나는 대학에서 학생들을 가르치기 시작했고, 태국의 대학으로부터 교수와 교사 대상으로 K 콘텐츠의 비결에 대해 강의 요청을 받기도 했다. 내가 속한 대학에서는 우즈베키스탄에 합작 대학을 설립해서 학생들을 가르치고 있고, 방학에는 베트남 학생들이 강의를 들으러 한국을 방문할 예정이다. 이제 전 세계의 기획자를 희망하는 학생들이 K 콘텐츠의 기획의 비결을 배우고 있다. 몰려드는 한국 콘텐츠에 대한 수요와 기대에 부응하기 위해 이 분야의 종사자들도 현재에 안주하지 않을 기획력을 필요로 하고 있다.

2020년 여름 KBS 연수원 최석순 교수로부터 KBS 직원 연수 교육 프로그램의 녹화 제안을 받았다. PD뿐 아니라 기자, 촬영감독, 방송경영, 엔지니어 등 방송사 구성원을 대상으로 새로운 콘텐츠를 기획하는 근본적인 원리에 대해 강의해 달라는 것이었다. 총 14강을 녹화하게 되었고, 이 강의는 2023년 현재 KBS 직원들의 연수 프로그램으로 활용되고 있다. 이 강의를 토대로 한 이 책은 방송 콘텐츠 기획자뿐만 아니라 다양한 분야에서 기획을 업으로 삼고 있는 현업 실무자와 배우는 학생들에게도 실질적인 기획의 힘을 키울 수 있는 좋은 지침서가 될 것이라 확신한다. 책을 총 16강으로 구성하여 한 학기 분량으로 구성하였다. 이 책을 그동안 나의 강의를 들어 주었던 수강생들에게 바친다. 현장에서 기획의 방법이 필요할 때마다 주머니 속의 신비한 공을 던지며 위기의 순간을 모면하는 동화의 주인공처럼 이 책을 펼쳐 보고 인사이트를 얻기를 희망한다.

강의를 기획하고 제안해 주신 KBS 연수원의 조경숙 원장님과 박성룡 교수님께도 감사의 인사를 드린다. 원고를 멋진 책으로 만들어 주신 학지사 김진환 사장님과 최임배 부사장님 그리고 박지영 편집자님께 감사드린다. 강의 원고를 글로 옮기고 편집하는 까다로운 과정에서 김보미 · 조수완 · 나혜연 · 장윤서 조교가 정말 큰 도움을 주었다. 감사한 일이다.

저자 홍경수

차례

01
나는 어떻게
콘텐츠를 기획했나?

〈낭독의 발견〉을 연출할 때의 모습
행복한 표정을 하고 있다.

'나는 어떻게 콘텐츠를 기획했나?'라는 주제로 서론을 시작
하려 한다. 방송사에서 내가 만들었던 대표적인 콘텐츠 몇 가

지를 통해 콘텐츠 기획의 비결을 설명하고자 한다.

내가 KBS에 입사할 때인 1995년에 TV 예능 PD를 지원했다. 면접 때 "생긴 것은 교양 PD인데, 예능을 왜 지원했나요?"라는 질문을 받았다. 그래서 미리 준비해 놓은 답을 말했다. "제가 외모는 이렇게 생겼지만, 제 안에 담겨 있는 끼가 굉장히 많기 때문에 저는 예능 PD로서 잘할 수 있습니다." 다행히 면접에 합격하고 TV 본부장 면담을 했다. 외모는 교양 PD 같은데, 왜 예능을 지원했냐는 똑같은 질문을 받았다. 마찬가지로 쇼를 만들고 싶고 잘 만들 자신이 있다고 답했다. 그리고 〈열린 음악회〉에 배정받았다.

첫 번째 만든 작품: 〈가요무대〉 예고

〈열린 음악회〉에서 1년 반 정도 조연출을 하며 전국을 순회하며 대형 쇼 무대를 경험했다. 1995년부터 2002년까지 〈열린 음악회〉를 비롯해서 〈가요무대〉와 〈이소라의 프로포즈〉의 조연출을 맡았다. 잘 알겠지만 조연출을 할 때 직접 연출할 기회는 없고, 조연출이 할 수 있는 유일한 작품 활동이 예고 프로그램 제작이다. 그래서 〈가요무대〉와 〈이소라의 프로포즈〉 조연출을 하면서 두 프로그램의 예고를 독특하게 만들어 보았다. 〈가요무대〉 예고는 그 당시에 많은 신문에서 대서특필해서 화제가 되었던 예고였다.

〈가요무대〉 예고 화면
배경음악은 〈Lover's Concerto〉

첫 번째 만든 작품: 〈가요무대〉 예고

당시는 1997년으로 IMF 상황과 맞물려서 가장들의 마음을 대변한 예고로 알려졌다. 다음 날 사무실에 출근해서 전화 몇 통을 받았다. 〈가요무대〉 예고에 나온 시집 제목이 무엇이냐는 질문이었다. 내가 직접 쓴 시라고 하자, 시청자는 놀라워하며 전화를 끊었다. 홍보팀에 이러한 이야기를 했더니 몇몇 신문에서 취재 요청이 왔다. 거의 모든 신문에서 보도했다. PD로 입사해서 여론의 세례를 받은 첫 번째 경험이었다.

1998년 즈음 만들었던 〈이소라의 프로포즈〉 예고

〈가요무대〉예고가 화제가 되자 한 선배가 〈이소라의 프로 포즈〉에서 일하자고 제안했다. 〈이소라의 프로포즈〉에서도 예고 제작에 심혈을 기울였다. 프로그램만의 독특한 콘셉트를 잘 살린 예고를 몇 편 만들었다.

당시에 왠지 모르게 우울한 청년 시기를 보냈던 나 자신의 경험을 그대로 담은 예고다. 쌍쌍이 방송사에 찾은 또래 젊은 이들을 보면서 부러움이 부풀어 올랐다. 나는 방송사에서 일하고 있음에도, 나처럼 외로운 관객들이 있을 거라 생각하고 감정이입하여 예고를 만들었다. "방송하는 사람들, 저들이 내 마음 알까?" 이 말이 핵심적인 콘셉트인 셈이다.

시간이 흘러 이와 같은 예고를 어떻게 만들었는지 다시 한 번 생각해 보면서 몇 가지 비결을 발견했다. 첫 번째는 '끓어오르는 창작에 대한 욕구'였다. 나는 대학원을 수료하고 두 곳의 신문사에서 수습을 마치고 방송사 입사를 한 터라 늦었다는 생각이 들었다. 하루 빨리 프로그램을 만들고 싶었지만, 조연출 기간 동안은 본 방송을 만들 수 없었다. '내가 할 수 있는 예고 프로그램이라도 잘 만들어 보자'라는 창작의 욕구가 있었기 때문에 이러한 예고를 만들지 않았나 싶다.

두 번째는 남과 다른 형식을 시도한 점이다. 좋은 예고들은 많지만, 남과 다른 형식을 시도하는 것 자체가 차별화되는 시작점이기 때문에 그 예고의 독특한 점이 아닌가 생각이 든다. 창의성의 다른 이름은 바로 '다름'이다. 기존의 콘텐츠와 다른 예고를 만들기만 해도 시청자의 시선을 끌 수 있을 것이라 확신했다. 이것은 만고의 진리다.

세 번째는 서툶과 게으름의 산물이다. 예고를 보면 알겠지만, 굉장히 간단하게 만들어졌다. 당시 예고는 편집이나 여러 가지 자막을 잘 써야 하기 때문에 많은 시간과 노력이 들어간다. 입사 후 첫 번째 예고 프로그램을 만들기 위해 밤을 꼬박 샜던 기억도 새롭다. 나는 영상 편집을 잘한다는 생각을 못했기에 '어떻게 하면 영상편집을 덜 하고 새로운 예고를 만들 수 있을까?'를 고민했다. 그 결과 자막 중심의 예고를 만들자고 결심했다. 따라서 서툶이나 게으름이 결코 나쁜 것만은 아니다. 이러한 부족함이 새로운 것을 만들 수 있는 출발점이 될 수도 있는 것이다.

마지막인 네 번째가 가장 중요하고, 내가 꼭 하고 싶은 이야기다. 방송을 제작하는 방송사 PD들은 누가 시키지도 않았는데, 자발적으로 공익적인 책임감에서 자유롭기 어렵다. 그래서 개인의 이야기보다는 우리 사회를 위한 이야기, 우리 국가를 위한 이야기에 초점이 맞춰지게 된다. 그렇게 제작하면 성격이 유사한 콘텐츠가 계속해서 만들어지기 십상이다. 따라서 나는 '내 관점에서 이야기하라'라는 접근법을 선택하라고 말하고 싶다. 〈가요무대〉 예고의 내용은 사실 나의 개인적인 이야기였다. 개인적인 이야기를 공적인 자리에서 자유롭게 했던 것이 나와 비슷한 환경에 처해 있는 사람들의 호응을 받았다고 생각한다.

더불어 기획자 여러분에게 꼭 이야기하고 싶은 것이 있다. 최근에는 SNS 등 미디어 플랫폼이 생겨서 창작자들이 글을 올리거나, 자기의 감정을 털어놓는 경우가 있다. 나 역시 살아가면서 느끼는 희로애락의 감정을 SNS에 올리곤 한다. 하지만 이는 끓어오르는 창작 욕구의 김을 빼는 효과가 있다. 그래서 SNS에 창작에 대한 욕구를 섣불리 털어놓지 말기를 제안하고 싶다. 이는 압력밥솥과 비슷하다고 본다. 창작에 대한 어떠한 욕구가 있다면 그것을 잘 보존해서 밥을 만드는 데에 사용해야 한다. 여기 저기 찔끔찔끔 감상을 털어놓다 보면 정작 콘텐츠를 완성하는 동력이 떨어질 수 있다. SNS에 자신의 감상과 생

〈기획의 인문학〉 북콘서트에서 강의 중인 필자

사진: 서단비.

각들을 털어놓는다면 자기 안에서 창작의 욕구가 해결되어 버리기 때문이다. 정작 자신이 프로그램을 만들려 할 때 내적 욕구가 해소되었기 때문에 더 새로운 창작에 대한 에너지로 전환되지 않는 경우가 많다. 결과적으로 모든 창작의 시작점은 나 자신이다. 따라서 우리의 욕망이나 목표가 아니라 창작자인 나 자신의 욕망, 나 자신의 필요, 나 자신의 요구 등 이러한 점들을 잘 들여다보는 것이 독특하고 새로운 콘텐츠를 만들 수 있는 시작점이라고 생각한다.

그래서 나는 창작에 대한 여섯 가지 키워드를 다음 문장으로 정리한다. '나는 열정적으로 사랑하고, 우리는 끈질기게 꿈꾼다.' 이 문장에 나와 있는 '나'라고 하는 것은 나의 감정, 나의 관점을 중요시한다는 단어이다. '열정'이라고 하는 것은 차가운 방바닥을 덮을 수 있는 뜨거운 힘과 에너지다. 물론 여기에는 고통이 따르게 된다. 하지만 그 고통을 이겨냈을 때, 새로운 것을 만들 수 있는 것이다. '사랑한다'라는 감정이 중요하다. 모든 창작자는 사랑한다는 그 마음으로 무언가를 만들어 낸다. 누군가를 즐겁게 해 주기 위해서 또는 더 나은 세상을 만들기 위한, 그런 세상에 대한 사랑의 감정이 단어에 들어 있다. '우리'라고 하는 것은 방송이 제작 과정에서 팀워크를 필요로 하는 콘텐츠이기 때문이기도 하고, 생각이 같은 사람들끼리 모여서 함께 힘을 합한다면 훨씬 더 크고 좋은 퀄리티의 콘텐츠를 만들 수 있다는 의미이기도 하다. '끈질기다'라고 하는 것은 창작의 과정에 뒤따르는 수많은 장애물과 방해물을 이겨내기 위한 특성이다. 기획자, 창작자의 특성 중 가장 중요한 특성이 바로 끈기다. 절대 포기하지 않고 계속 문을 두드리고 집요하게 고착하는 것, 이것이 바로 끈기다. 끈기를 유지하기 위해서는 인내력이 필요하다.

마지막으로 '꿈꾼다'라고 하는 단어를 살펴보자. 기획은 눈에 보이지 않는다. 기획안을 쓰고 창작하는 과정은 남들은 아직 보지 못하지만, 자신은 이미 볼 수 있는 그림을 그려 나가는 과정이다. 아직 보이지 않지만, 나는 볼 수 있기에 어려움을 극복할 수 있는 것이기도 하다. 따라서 한 문장으로 요약한 여섯 가지의 이 단어를 콘텐츠를 기획할 때 기억하길 바란다. '나는 열정적으로 사랑하고, 우리는 끈질기게 꿈꾼다.'

PD들과 함께 『PD, WHO & HOW』를 엮다

두 번째로 소개할 콘텐츠는 『PD, WHO & HOW』라는 책이다. 나는 조연출로 활동하고 있던 시기에 방송의 가장 큰 약점은 기록이 남지 않는 것이라고 생각했다. '수많은 PD가 활동하고 있는 것 그리고 PD 지망생들이 PD에 대해서 궁금해하는 지식과 정보를 정리해서 기록으로 남기면 어떨까?'라는 생각이 들었다. 그래서 2002년도에 27명의 PD가 함께 『PD, WHO

& HOW』라는 책을 만들었다. 『PD, WHO & HOW』는 PD는 누구이고, PD가 되려면 어떻게 해야 하며, PD는 어떤 일을 하는지, 어떻게 일하는지를 보여주는 책이다. 이 표지를 보면 지금 KBS에 근무하고 있는 PD들도 있고 또 KBS를 떠나서 tvN에 이직한 PD들도 있다. 이 책은 벌써 20년이 되어 가고 있다. 지금도 학생들이 많이 기억하고 있고 방송사의 젊은 PD들 중에는 이 책을 보고 입사했다며 인사를 하는 경우도 많았다. 이 콘텐츠를 어떻게 기획하게 되었는지 지금 돌이켜 보니 기록에 대한 열망이 있었던 것 같다. 아까도 말했듯, 방송은 흔적을 크게 남기지 않고 PD가 남기지 않으면 그 기록들은 없어진다. 따라서 PD에 대한 기록들을 책으로 남겨 놓았다. 이 책은 지금도 도서관에 있기 때문에 상당히 오랫동안 전승될 것이라고 확신한다.

나는 글쓰기에 대한 선망이 있었다. 글이라고 하는 것은 자기 마음을 표현하는 중요한 수단이고 글쓰기는 방송을 만드는 사람에게 가장 중요한 재능이 아닌가 싶다. 우리가 보는 영상 콘텐츠를 요약하고 압축을 하게 되면 결국 하나의 문장으로 남게 되는 것이 사실이다. 따라서 글이라고 하는 것은 영상 콘텐츠를 움직이는 뼈대이고, 척추이며 핵심 줄기라고 할 수 있다. 나 역시 글쓰기에 대한 선망으로 『PD, WHO & HOW』를 기획하며 PD들을 연결하고, 편집했다. 연결이라고 하는 것은, 방송 3사 그리고 외주에 있는 PD들까지 여러 필드에 직접 연락해서 '우리 함께 책을 내 보자'라고 제안을 했고, 나의 의견에 동의한 많은 PD가 참여했다. 나중에는 40명이 넘는 PD가 『PD, WHO & HOW』라는 책의 저자로 참여하여 PD에 대한 지식과 정보들을 남기는 데 동참해 주었다.

내부탐험과 외부탐험으로 〈낭독의 발견〉을 기획하다

방송사에서 만든 세 번째로 만든 콘텐츠는 〈낭독의 발견〉이다. 2003년부터 9년 동안 KBS에서 방영되었던 문화 예술 종합 프로그램이다. 2021년에 백기완 선생께서 별세하셨을 때에 KBS에서 백기완 선생이 〈낭독의 발견〉에 출연하셨던 영상을 유튜브로 공개해 추모의 염을 표했다. 연출자였던 나로서는 매우 의미 깊은 영상 공개였다. 〈낭독의 발견〉이 영상 아카이브로서 한 인물의 궤적을 세밀하게 기록했다는 점이 새삼 다가왔다. 〈낭독의 발견〉은 '소리는 중요한 미디어다'라는 관점에서 만든 콘텐츠다. 잃어버린 낭독이라는 감각을 되살리는 데 수많은 스태프와 출연자가 호응해 주서서 독특한 콘텐츠를 만들 수 있었다. 〈낭독의 발견〉이라는 콘텐츠를 만들었던 데에는 두 가지의 탐험이 자리하고 있다고 생각한다.

첫 번째는 '내부탐험'이다. 우리가 어떤 콘텐츠를 기획하기 위해서는 콘텐츠 기획자가 자신이 가지고 있는 경험과 기억, 학식, 지식 등 이런 여러 가지 자원들을 탐험하는 과정을 거치게 된다. 내부탐험이다. 실제로 어릴 때 외국어 공부를 했던 기억을 떠올려 보았다. 소리 내서 책을 읽었을 때 훨씬 공부가 잘 되었던 기억이 있었고, '이걸 방송으로 만들면 어떨까?'라는 생각을 했다.

두 번째는 기획자의 바깥에 있는 외부환경들을 관찰하면서 새로운 콘텐츠를 기획하는 것이다. 이것을 외부탐험이라고 부른다. 2003년 당시에도 디지털 시대가 시작됐다고 떠들썩하던 시기였고, 인터넷의 대중화로 www가 사회적 화두가 되었던 시대이다. 급속한 디지털화로 아날로그 감수성을 지켜야 한다는 시대적 트렌드도 분명히 있었다. 인간의 몸을 사용해서 텍스트를 읽어 내는 낭독은 인간적이고 아날로그적이며, 손으로 직접 만든 수제(hand made) 느낌이 난다고 생각했다. 또 하나의 외부탐험의 요소는 프로그램을 기획하기 몇 달 전, 일본 여행을 가서 책을 한 권 만난 경험이다. 『소리 내어 읽고 싶은 일본어』라는 책인데, 사이토 다카시(齋藤孝)라는 일본의 대학교수가 쓴 책이다. 도쿄 우에노 역의 서점에서 일본어에 대한 책들이 베스트셀러로 올라와 있는 것을 보았고, 그중 『소리 내어 읽고 싶은 일본어』라는 책이 인상 깊어 사서 읽어 보았다. 일본의 유명한 고전 중에 소리 내어서 읽으면 좋을 만한 문장들을 모아 놓고 그것을 어떻게 읽으면 좋을지를 소개하는 책이었다. 이를 보고 낭독이 방송의 소재가 될 수 있겠다는 확신을 했다.

그 당시 〈낭독의 발견〉의 기획안을 다음과 같이 정리했다.

낭독의 발견

1. 기획의도:

멀티미디어 시대인 현대에도 텔레비전은 주로 시각이라는 감각에 주안점을 두어왔다. 따라서 한컷의 그림을 얻기 위해 몇 달간 잠복하기도 하고, 심지어 목숨을 잃기도 한다. TV는 시각매체라는 등식 때문에 시청자들은 시각 편식증에 걸릴 지경이다. 하지만, 멀티미디어 시대인만큼 시각뿐만 아니라 청각과 그것을 뛰어넘는 새로운 감각에 호소하는 것은 어떨까?

그 감각은 다름아닌 낭독으로 느끼는 제 3의 감각이다. 눈으로 보고 귀로 듣는 데서 그치는 것이 아니라, 입으로 소리를 내어 스스로 몸을 통하여 느끼는 것이다. 초등학교 국어시간에 선생님의 낭독을 따라 읽었던 경험이 아득할 정도로 책은 낭독에서 멀어져가고 이제는 눈으로만 읽는 시대가 된 것이다.

이 프로그램을 통해 우리에게서 잊혀져가는 낭독의 추억을 되살리고자 한다. 수많은 독서 프로그램이 있지만, 지나치게 딱딱하거나, 독서의 본질과 거리있는 캠페인성에 치중해서 시청자들은 어렵다. 성우, 아나운서, 탤런트, 영화배우, 가수, 책의 저자, 일반인 등 다양한 분야에서 활약하고 있는 '잘 읽는' 사람들이 출연하여 책에서 되새겨 볼 만한 부분을 낭독하고, 자신의 느낌을 표현하고 관련된 음악의 연주를 통해 온 가족이 함께 즐겨볼 수 있는 공익적인 오락 프로그램으로 자리매김하고자 한다.

새로운 감각에 호소하는 프로그램을 텔레비전 프로그램이 좀 더 건강하고 보편적이었으면 하는 바람을 가진 침묵하는 대중에서 시원한 한 줄기 바람이 되었으면 한다.

2. 구성

구성은 크게 두가지 줄기로 나뉜다. 첫째는 출연자들이 등장하여 읽을 만한 책의 주요 부분을 읽는 낭독부분. 둘째는 낭독 사이사이에 들어가는 주제관련 음악의 연주(가창)부분이다.

출연자는 4가지로 분류된다.

(1) 전문가 그룹(아나운서, 성우, 내레이터 등 낭독전문가)
(2) 명사그룹 (사회적 저명인사 — 탤런트, 영화배우, 연기자, 가수, 스포츠스타, 및 화제의 인사)
(3) 저자그룹(소설가, 수필가, 시인 등 저자 및 편집자, 역자)
(4) 일반인그룹(어린이, 청소년, 성인 및 친구, 부자지간, 스승과 제자, 장애아 등 다양한 관계의 일반인)

이들이 읽는 책의 하이라이트 역시 자신의 인생에서 가장 감명깊은 구절이나, 최근에 읽은 책중에 함께 음미하고 싶은 부분 등 책 내용의 다이제스트로 시간은 3분-5분 이상을 넘지 않도록 편집함.

음악부분은 고정적인 재즈 세션(피아노, 콘트라베이스, 기타)을 배치한다. 세션의 편곡으로 어렵지 않고 너무 쉽지 않은 적정한 연주곡을 낭독에 맞춰 연주하고 가수의 노래 등 또한 연주한다. 필요에 따라 다른 음악악기들이 이들을 대체할 수도 있고, 보완될 수도 있다.

낭독의 발견 기획안
틈틈이 한 생각들을 모았다.

내부탐험과 외부탐험이 합쳐져서 기획이 만들어진다. 다른 말로 표현을 하자면 내부탐험은 기획자의 촉각이다. 앞에서 말했듯이 기획자의 촉각은 기획자가 가지고 있는 경험과 지식, 기억, 감각 같은 것을 말한다. 반면, 세상의 촉각은 기획자의 몸을 떠나서 주변에서 일어나고 있는 세상의 흐름과 세상의 모양, 세상의 수요나 욕구까지 다 포함한다. 따라서 기획자의 촉각과 세상의 촉각이 만났을 때 새로운 기획의 결과물이 만들어진다.

요약하면, 외부탐험은 두 가지로 구분할 수 있다. 첫 번째는

01 나는 어떻게 콘텐츠를 기획했나?

기획자가 직접 자신이 만나고 보고 듣고 느끼는 것, 즉 직접 경험이다. 두 번째는 누군가가 경험한 것들을 2차적으로 경험하는 간접 경험이다. 이러한 분류는 가와기타 지로(川喜田二郎)라는 일본의 지리학자가 만든 『KJ법』이라는 책에 잘 설명되어 있다. 반면 내부탐험은 기획자가 가지고 있는 생각을 다시 끄집어내는 것이라고 하면 단순하다. 하지만 단순하고 별다른 기술이 필요하지 않기 때문에 머리만 쓰면 누구나 할 수 있다는 특성 때문에 도리어 경시하기 쉽다. 우리가 속마음을 들여다보고 요소들을 늘어놓다 보면 문제가 될 만한 것들이 나의 다양한 부면과 만나게 된다. 그리고 이 만남이 새로운 자극이 되어서 기획자의 마음을 자극하고 활성화한다. 나열한 요소들을 조합해서 이 요소들이 어떤 관계를 맺고 있는지를 표현해 본다면 콘셉트가 형성되는 과정(concept formation)을 볼 수 있다. 어떠한 문제 구조가 발견되면 압축적으로 한 문장, 한 단어로 표현할 수 있다.

나는 기획의 아이디어를 〈낭독 콘서트〉라고 압축하였고, 이를 조금 더 교양적인 표현으로 바꿔 〈낭독의 발견〉이라는 단어로 변경하였다. 〈낭독의 발견〉이라는 단어를 쓰게 된 이유는 내가 대학생 때 가장 인상 깊게 읽었던 책이 임어당의 『생활의 발견』이었기 때문이다. 이것을 패러디하여 〈낭독의 발견〉이라는 이름으로 발전시켰다.

사전, 강제연결법 그리고 〈단박인터뷰〉

　방송사에서 네 번째로 만든 콘텐츠는 〈단박인터뷰〉라는 프로그램이다. 2007년에 기획한 콘텐츠로, 김영선 PD가 진행자로 활동했고 후배 PD들이 연출을 맡았던 프로그램이다.

〈단박인터뷰〉 6회에 출연한 김연아 선수 그리고 김영선 PD
캐나다 전지훈련을 떠나기 직전에 공항에서 촬영했다.

　〈단박인터뷰〉는 편성본부에서 편성은 결정되었지만 누가 연출을 할지, 어떤 방식으로 연출될지는 미정인 상태였다. 당시 편성표에 〈직격인터뷰〉라는 가제로 쓰여 있었다. 이 콘텐

01　나는 어떻게 콘텐츠를 기획했나?

츠를 기획하라는 제안을 받았을 때 일주일에 세 번씩 화, 수, 목 10시 45분에 15분 동안 방송하는 시사 인터뷰를 어떻게 만들어야 할지 고민을 많이 했다. 결국은 아이디어가 떠오르지 않아 목마른 놈이 우물을 판다고 국어사전을 뒤졌다. 간단, 노란, 느린, 다른, 단박이라는 단어들을 국어사전의 ㄱ, ㄴ, ㄷ 순서대로 쭉 찾아가다가 만난 단어가 '단박'이었다. 단박의 뜻을 한영사전에서 찾아보니 'at once immediately, without delay, on the spot, frankly' 등이었고, 이 한영사전의 번역 덕에 기획이 설득력 있게 통과되었다. 이 방법이 '강제연결법'이라는 것을 나중에 학교에 와서 알게 되었다. 관련이 없는 두 가지를 억지로 연결해 놓으면 새로운 의미가 발생하게 된다. 'forced connection method'라고 하는 강제연결법, 나는 알지도 못했지만 그 방법을 그냥 사용하게 돼서 새로운 콘텐츠를 기획하게 된 것이었다.

이 방법에 따르면, 전혀 관련이 없는 것들을 방송의 장르와 함께 연결시키는 시도를 해 본다면 새로운 콘텐츠를 만들 수 있다. 방송사에서 일하는 PD나 여러 기획자는 선배들이 만들었던 것을 쭉 보고 도제식의 교육을 받아 오면서 새로운 콘텐츠를 만드는 방법을 익혔다. 스승이 제자를 훈육하는 일대일 교육 방식인 도제식 교육은 연출자와 조연출자가 멘토-멘티 관계를 맺으며 프로그램을 만드는 과정에서 이뤄진다. 하지만 어깨너머로 배우는 도제식 방법만으로는 창의적이고 새로운 콘텐츠를 기획하는 데 한계가 있는 게 사실이다. 따라서 이 책을 통해 근본적으로 독창적이고 새로운 콘텐츠를 만들 수 있는 방법을 습득할 수 있게 되기를 바란다.

나의 기획에 대한 강의는 인문학에 토대를 두고 있다. 결국 인문학에서 아이디어를 얻어 콘텐츠를 기획하는 방법에 대한 이야기인 셈이다. 우선 트렌드, 콘텐츠, 오디언스(audience), 이 세 가지를 콘텐츠 기획의 축으로 생각하고 각각의 특성들을 파악하여 콘텐츠를 기획하는 '천지인 기획법'에 대해 설명할 것이다. 그다음에는 창의성이란 무엇인지에 대한 나의 생각, 마샬 맥루한(Marshall McLuhan)이 이야기한 미디어의 철학 그리고 재매개 이론에 대해서도 살펴볼 것이다. 또 의미론과 어원학, 수사학과 은유, 편집 공학, 디자인싱킹, 에크프라시스와 철학을 통한 기획법도 검토할 것이다. 이와 같이 오랜 역사를 가지고 있는 인문학에 기댄다면, 지금까지 보지 못했던 독창적이고 새로운 콘텐츠를 기획할 수 있다고 확신한다. 믿고 따라와 보시라.

참고문헌 _____

홍경수 외(1998). 나이들면 뭐할까? 서울: 지호.
홍경수 외(2002). PD, WHO & HOW. 서울: 커뮤니케이션북스.

齋藤孝 (2001). 声に出して読みたい日本語. 草思社.
川喜田二朗 (2018). KJ法. 中央公論社.

02
방송이란 무엇인가?
기획이란 무엇인가?

2002년 출간한 『PD, WHO & HOW』 초판 표지
바쁜 PD들이 모였다.

앞의 사진은 내가 PD들과 함께 만들었던 『PD, WHO & HOW』 책의 표지다. 총 27명의 조연출급 PD들이 모여 PD에 대한 정보를 공유했다. 맨 앞쪽 오른쪽에 선글라스를 끼고 누워 있는 피디는 나영석 PD이다. 당시에 입사한 지 얼마 안 되어서 조연출로서 함께 사진을 찍고 책도 썼던 기억이 있다. 도대체 왜 나영석 PD는 KBS를 떠났을까? KBS의 환경이 썩 나쁜 것도 아니었고, 예능 PD로서 안정적으로 프로그램을 할 수 있는 환경임에도 불구하고 '왜 나영석 피디가 떠났을까?'에 대해서 생각해 보자.

여러 가지 이유가 있겠지만 전문직의 구성요소 중 한 가지인 '자율성'의 결핍 때문이 아닐까 추측한다. 핼린(Hallin)과 만치니(Mancini)라는 학자가 세계 각국의 미디어 체제를 비교한 다음 전문직을 구성하는 세 가지 요소로 가장 먼저 손에 꼽은 것이 바로 자율성이다. 자율성이 없는 전문직은 전문직이라고 보기 어렵다고 하는 것이다. 두 번째는 전문직의 규범이다. 전문직이면 어떤 것들을 지켜야 하고, 어떤 행동을 하지 말아야 한다고 하는 내부적인 약속이라고 할 수 있다. 세 번째는 공공서비스 지향성이다. 전문가가 자기 사익을 추구하는 게 아니고 자기가 우리 사회를 위해서 어떻게 봉사할 것인지 그 정도를 보여 주는 것이 공공 서비스 지향성이다. 이 세 가지가 전문직을 구성하는 세 가지 요소라는 것이다.

그중에서 자율성이 가장 중요한데, 특히 크리에이티브하게 창의적인 콘텐츠를 만드는 조직에서 가장 중요하다. 또한 나영석 PD가 함께 일했던 이명한 PD나 신원호 PD 같이 최고의 동료와 함께 일할 수 있다는 만족감도 이직에 큰 영향을 미쳤을 것이다. 어떤 동료와 일하느냐는 직장이 줄 수 있는 최고의 보상이라 할 수 있다. 따라서 뜻이 맞고 에이스라고 생각하는 PD들과 함께 이직했기 때문에 고민을 덜 하고 이직하지 않았나 싶다. 누구나 최고의 동료와 함께 일하고 싶어 하는 마음을 가지고 있다. 어느 방송사도 마찬가지다. 그렇다면 이런 질문을 할 수 있다. '나는 최고인가?' 나는 최고의 동료들과 일하고 싶지만, 내가 최고가 아니라고 한다면 기회는 오지 않을지 모른다. 최고의 동료와 일하기 위해서는 나 역시 최고가 되어야 한다.

시시포스의 바위, 콘텐츠의 변화

이 장에서는 방송 콘텐츠에 대한 이야기를 하고자 한다. 먼저 콘텐츠 본질에 대한 이야기다. 우리는 콘텐츠를 왜 소비하는 것인가. 우리가 TV를 보거나 유튜브를 보거나 만화를 보거나 심지어 이런 책을 읽는 것도 역시 하나의 콘텐츠를 소비한다고 할 수 있다. 그렇다면 우리가 콘텐츠를 소비하는 궁극적인 이유는 무엇일까? 사람들은 '정보를 습득하기 위해서, 웃음을 얻기 위해서, 또는 누군가와 연결하고 싶은 마음, 나 자신을 확인하고 싶은 마음 때문에'라고 답변할 것이다. 여러 가지 콘텐츠를 소비하는 목적, 이것들을 압축하여 한 가지 단어로 표현하면 어떤 단어일까? 정보를 습득하고, 웃고, 또 즐겁고, 연대감을 얻는 것. 이것을 '변화'라는 단어로 표현할 수 있다. 우리가 콘텐츠를 소비하는 이유는 '변화'하고 싶기 때문일 것이다. 신문을 통해서 새로운 정보를 알게 되는 것은 그 정보를 몰랐기 때문에 무지했던 내가 유식한 나로 변화하고 싶은 열망 때문일 것이다. 재밌는 개그 프로그램 보는 이유는 지루한 내가 지루하지 않은 나로 변화하고 싶기 때문이다. 더 행복하고 즐거운 나 자신으로 바꾸고 싶기 때문에 예능 콘텐츠를 소비하는 것이다. 소외된 내가 누군가 연결되고 싶기 때문에 카카오톡이나 페이스북에 접속하는 것 아닐까. 내가 누군지 몰라서 불안하기 때문에 나 자신의 정체성을 타인과의 관계를 통해서 확인하려고 하는 욕구들에 리미트를 붙이면 결국 '변화'라는 단어가 된다. 결국 변화를 만들기 위해서는 우리가 체인저(changer)가 되어야 하고 체인지메이커(change maker)가 돼야 한다. 변화를 위해 가장 먼저 해야 할 일은 자신의 몸을 바꿔야 하는 것이다. 몸은 새로운 생각들이 시작되는 곳이고, 새로운 콘텐츠를 기획할 수 있는 터전이기 때문이다. 몸은 미디어의 근원이다.

예를 들어 보겠다. 생각이 경직되어 있거나 불안을 느껴 딱딱해진 뇌로는 새로운 생각을 하기 어렵다. 그렇다면 이 뇌는

02 방송이란 무엇인가? 기획이란 무엇인가?

어떻게 바꿔야 할까? 유연하고 부드러운 뇌로 바꿔야 한다. 우리의 몸은 굽어 있다. 굽어 있다고 한다면 몸을 어떻게든 활짝 펴야 한다. 영상에만 익숙한 우리의 눈을 글자에도 익숙한 눈으로 바꿔야 한다. 타협하지 않는 좁은 심장은 넓은 심장으로 바꿔야 하고, 많은 사람을 껴안지 못하는 우리 좁은 팔은 더 많은 사람을 껴안을 수 있는 넓은 팔로 변화시켜야 한다. 모국어만 할 수 있는 우리의 혀를 외국어도 할 수 있는 혀로 바꿔야 한다.

뇌, 몸, 눈, 신장, 팔과 혀, 이 모든 것이 다 우리 신체의 중요한 기관이다. 따라서 우리가 새로운 콘텐츠를 만들기 위해서 가장 먼저 해야 하는 것은 우리의 몸을 새롭게 장착하는 것이다. 장착이란 무언가를 교체하거나 무언가를 얹어 올리는 걸 말한다. 따라서 우리가 어떤 작가의 책을 읽게 되면 그 작가의 뇌가 우리 뇌에 장착된다. 우리가 어떤 시인의 시를 쭉 읽게 되면 시인의 혀가 우리의 혀로 장착된다. 따라서 우리가 콘텐츠를 적극적으로 소비하고 그것을 받아들이게 된다면 그 콘텐츠를 만든 사람의 몸을 우리 몸으로 장착하게 되는 효과가 있다. 세상을 바꾸기 전에 우리가 해야 할 일은 우리 자신을 먼저 바꾸는 일이다. 변화하지 않는 미디어는 사멸하게 된다. 변화하지 않는 콘텐츠는 존재감이 없어진다. 결국 변화하지 않는 미디어와 콘텐츠는 곧바로 사람들의 기억에서 잊히거나 사라진다. 따라서 미디어와 콘텐츠의 숙명은 끊임없이 변화를 추구해야 하고 끊임없이 바뀌어야 하는 절대적인 목표가 있다. 기획

〈낭독의 발견〉 노영심 편 리허설 중
강승원, 신이경, 정재일 등 최고의 음악가가 참여했다.

자에게 변화는 시시포스의 운명처럼 끊임없는 추구해야 하는
목표라 할 수 있다.

　나는 KBS 22기 PD로 입사하여 15년간 KBS에서 일을 했다.
예능국으로 입사하여 〈열린 음악회〉와 〈가요무대〉 〈이소라의
프로포즈〉 등 쇼 프로그램들을 만들었고, 교양국에서 〈낭독의
발견〉을, 시사제작국에서 〈단박인터뷰〉를 기획했다. 편성기
획과 콘텐츠 정책 부서 그리고 방송문화연구소에서도 일했다.
또 〈다큐멘터리 3일〉 〈TV 책을 말하다〉 〈KBS스페셜〉도 만들
어 보았다. 예능 PD로 입사하여 다양한 분야의 프로그램을 만
들었다. 현재는 대학에서 학생들에게 콘텐츠 기획과 영상 글쓰
기 등을 가르치며 방송사에 대한 자문과 심사, 각종 학회에서

2018년 백상예술대상 식전 행사에서 연기자 정우성과 함께

회원들과 함께 연구 활동 등을 조직하고 있다. 다음 사진은 백상예술대상 시상식 때 정우성 씨와 함께 찍은 사진이다.

나는 PD에 대한 책을 많이 썼으며, 맛있는 음식을 먹는 것을 좋아해서 음식에 대한 책도 썼다. '한 도시와 음식과 문화'를 주제로 서용하 PD와 손현철 PD와 함께 2권의 책, 『세 PD의 미식기행 목포』『세 PD의 미식기행 여수』를 냈다.

또한『확장하는 PD와의 대화』『예능 PD와의 대화』라는 책을 썼다. 지금도 수많은 PD와 함께 만나서 이야기를 나누고 이것들을 기록으로 남기는 작업을 하고 있다.

『기획의 인문학』은 콘텐츠 기획을 할 때 필요한 인문학적인 토대에 대해서 정리한 책이다.『오징어 게임과 콘텐츠 혁명』은 OTT 혁명의 도화선이 된 〈오징어 게임〉과 콘텐츠와 플랫폼의 변화에 관한 글을 모은 책이다.『보랏빛 섬이 온다』는 로컬 문화를 새롭게 조명하기 위해 신안군의 문화예술 정책을 분석한 책이고,『당신의 발밑에는 피렌체보다 화려한 부여가 있다』는 부여의 역사, 문화, 인물을 취재한 인문도시답사기다.

나의 연구 분야는 방송 콘텐츠에 대한 비평과 텍스트 분석 그리고 방송 제작자를 대상으로 한 생산자 연구다. 최근에는 드라마를 열심히 보며 비평 글과 논문을 쓰고 있다. tvN 〈톱스타 유백이〉, SBS의 〈녹두꽃〉, JTBC 〈이태원 클라쓰〉에 대한 생산자 연구와 수용자 연구를 진행했다. 『PD저널』에 '홍경수의 방송인문학'이라는 비평 시리즈를 한 해 동안 연재했다.

방송, 수많은 '기'가 모이는 곳

방송이라는 것이 무엇인지 내가 생각하는 개념을 설명하고자 한다. 신문방송학과를 졸업하고 석사과정에 진학한 1990년의 일로 기억된다. 홍대 근처에 살던 나는 북카페에 들러 책을 보던 중 한 중년 남성을 만났다. 그 남성은 20대 중반의 젊은이를 만나자 옛 생각이 났는지 이런 저런 이야기를 물어보다가 "록카페에 가 보았냐?"고 물었다. 록카페는 술을 마시며 춤을 출 수 있는 새로운 개념의 카페로 입장객을 통제한다고 소문났었다. 안 가봤다고 대답하자, 그는 신문방송의 방이라는 글자가 어떤 뜻인지 물어왔다. 주저하는 사이 그는 '놓을 방(放)'이라고 뜻을 설명한 뒤 언론계에 진출할 학생이라면, 다양한 세계를 제약 없이 경험해 보아야 한다고 충고해 주었다. 그러고는 가까운 록카페에 데려갔다. 그는 그곳의 사장이었는데, 그는 민주화 운

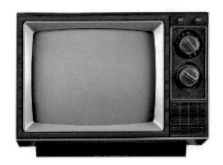

02 방송이란 무엇인가? 기획이란 무엇인가?

동을 하다가 출판계에 몸을 담고 있으며, 부업으로 록카페를 운영한다고 털어놓았다. 그와의 만남을 통해 백면서생이었던 나 자신의 좁다란 경험의 폭을 되돌아볼 수 있었다.

내가 1995년에 입사해서 예능국에서 조연출을 하던 시절에 같이 일했던 한 선배가 이런 말을 했다. 방송사 안에는 수많은 모니터용 TV가 있다. '브라운관을 잘 닦으라'고 이야기를 했다. '소림사도 아니고 왜 브라운관을 닦으라고 하지?'라고 의아해하면서도 화장지로 브라운관을 닦아 보았다. 그랬더니 깨끗한 하얀 화장지가 아주 까맣게 바뀌었다. 다른 건물 스튜디오에서 녹화하는 것을 사무실에 있는 브라운관을 통해서 모니터링을 할 수 있다. 조명이나 의상 색깔, 이런 것들을 제대로 모니터를 못 하면서 프로그램을 만들어 왔다는 사실을 깨닫고 놀랐다. 우리가 이렇게 먼지가 쌓여 있는 것을 보면서 서로 '잘 만들었다' '조명이 좋다' '색깔이 좋다' 이런 이야기를 하고 방송을 만들어 온 것이다. 브라운관을 잘 닦으라고 하는 것이 기본적이고 사소해 보이는 것이지만 방송을 만드는 가장 근본이 되고 기초가 되는 것이다.

방송은 일종의 '기(氣)'라고 할 수 있다. '기'라고 하는 것은 어떤 사물을 움직이게 하는 힘의 근원, 에너지다. 하지만 브라운관을 닦은 후 느낀 점은 우리가 만드는 콘텐츠에 대한 평가와 합의가 '어쩌면 굉장히 허약할 수도 있다'는 것이었다. TV 브라운관은 수많은 시청자의 기가 모이는 공간이다. 가령 천만 명이 시청했다고 한다면 천만 명의 기가 TV 브라운관이라는 공간으로 모이게 된다. 그렇지만 우리가 그 공간을 잘 닦지 않은 채로 그 기를 느낀다는 것은 지극한 아이러니 아닐까.

선택과 배열을 통한 밀도 높이기

방송사에 입사했을 때 한 선배는 방송제작 과정이란 결국 선택과 배열, 이 두 단어로 요약할 수 있다고 말했다. 나중에 아리스토텔레스(Aristoteles)의 『수사학』에서 발견과 창안(invention)이라는 단어와 배열(disposition)이라는 단어가 바로 선택과 배열이라는 것을 확인했다. 모든 예술 창작의 근원은 바로 이 두 단어다. 선택과 배열. 그래서 기획과 제작, 편집이라고 하는 방송의 모든 과정이 이 두 단어로 압축된다. 방송은 결국 고르고 나열하는 것, 선택하고 배열하는 것이라고 할 수 있다.

방송이 기대하는 바는 명료하다. 시청자의 주의를 최대한 끌어들이는 것이라 할 수 있고, 이를 위해서는 콘텐츠의 밀도를 높이는 것이 필요하다. 밀도는 'density'라는 영어로 표현할 수 있다. HD나 UHD라고 하는 단어의 'D'는 'definition'이라는 단어의 두문자다. 결국 방송을 만든다는 것은 시청자들의 기를 끌어당길 만큼 밀도를 높이는 작업이다. 자석이 마치 서로를

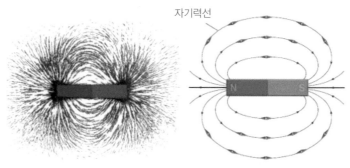

자기력선

방송은 시청자의 관심을 끌어들이기 위해 경합하는 기의 무대다.

끌어당기거나 쇳가루를 끌어당기는 것과 마찬가지로 밀도는
끄는 힘을 가지고 있다.

삼투압을 보자. 두 액체의 농도의 차이에 따라 물이 이동하
는 것도 역시 끄는 힘의 차이 때문이다. 방송 역시 시청자의 관
심을 끌어당기려면 시청자들보다 훨씬 더 센 밀도와 센 농도를
가지고 있어야 한다. 끄는 힘을 다른 말로 표현한다면 매력 또
는 흡입력, 중력이라는 말로 바꿀 수 있다.

지금은 지상파의 시대에서 OTT의 시대로 바뀌고 있다고 한
다. OTT로 시청자들의 관심이 모이는 것은 밀도 높은 콘텐츠가
OTT에 몰려 있기 때문이다. 방송의 편집도 역시 밀도를 높이기
위해 생긴 과정이다. 한국에서 가장 먼저 예능용 자막을 넣었던
김영희 PD가 이렇게 커다란 예능형 자막을 넣은 것도 역시 방
송 콘텐츠의 밀도를 높이고자 하는 노력이었을 것이다.

이제는 예능에서 자막을 빼놓고는 예능 프로그램을 만들 수

이제 자막 없는 예능은 상상하기 어렵게 되었다.
이는 김영희 PD가 1995년 〈TV 파크〉에서 처음 시도했다.

가 없을 만큼 중요한 서사의 방식이 되었다. 하지만 밀도를 높
인다고 해서 무조건 기가 세지는 것만은 아니다. 콘텐츠는 '다
움'이라고 하는 자기 정체성을 잃는 순간 밀도도 의미가 없어
진다. 밀도와 더불어 '다움'을 잘 살려야 콘텐츠의 기가 세진다.
편집의 본질은 밀도뿐만 아니라 '다움'을 극대화하는 것이다.

KBS의 경우를 예로 들어 보자. '가장 KBS다운 프로그램은
뭘까?' 하고 생각해 보면 〈전국노래자랑〉이라는 프로그램이

다. 왜냐하면 시청자들이 주인이 되는 프로그램이고 전국을 빠짐없이 돌아다니면서 방송사와 시청자가 직접 만나는 중요한 소통의 장을 만들기 때문이다. 거기에서 나오는 웃음은 인공적이고 가공해서 만든 웃음이 아니라 자연스러운 건강한 웃음이다. 또 평범한 우리 이웃들이 노래 부르는 과정을 통해서 즐거움을 주고받기 때문에 〈전국노래자랑〉이야말로 가장 KBS다운 프로그램이 아닐까 싶다.

〈PD수첩〉은 오랫동안 구조적 모순을 고발해 온 MBC다운 프로그램이며, 〈꼬리에 꼬리를 무는 그날 이야기〉는 말랑말랑한 교양 프로그램을 만들어 온 SBS다운 프로그램이다. 〈환승연애〉는 2030세대와 공감대를 넓혀 온 티빙다운 콘텐츠이며, 〈오징어 게임〉은 막대한 제작비로 큰 규모의 드라마를 만들어 온 넷플릭스다운 콘텐츠다.

방송에서 놓치면 안 되는 가장 핵심 요소는 '차별화된 탁월성'이다. 남과 달라야 하고 다르지만 뛰어나야 하는 두 가지 목표를 달성해야 한다. 이 두 가지 목표는 '밀도와 다움' 이 두 가지를 통해서 가능하다. 방송을 만드는 방송인 자신도 역시 밀도가 높아져야 한다. 더불어 자기 자신다움을 계속 지켜야 한다. 우리가 책을 읽고 공부를 하는 이유도 자기 자신의 밀도를 높이기 위해서다. 더불어 공부를 하면서도 지켜야 하는 것은 바로 '자기 자신다움'이다. 어떻게 보면 OTT가 이렇게 큰 인기를 끌고 있는 시대에 지상파들은 OTT나 유튜브를 따라 하기보다는 오히려 지상파다운 정체성을 지켜 가는 것이 필요하다고 생각한다. 유튜브가 만개한 시대에 수많은 개인 크리에이터들이 하지 않고 할 수도 없는 일은 지상파가 가장 잘할 수 있다. 막대한 예산이 소요되는 탐사 보도 기획을 하는 데는 지상파가 최적이다. 오랜 제작 경험을 가진 전문가 집단이 세워 놓은 제작문화가 있다. 비상시의 재난 보도나 핫하지 않은 대형 이벤트 역시 지상파가 아니면 대신하기 어렵다. 전국을 연결하는 일사불란한 중계 네트워크 방송도 지상파보다 더 잘할 집단은 아직은 없다. 각 지역마다 존재하는 무수한 콘텐츠 원천을 발굴하고 많은 사람과 공유하는 것도 마찬가지다(홍경수, 2019).

영상문화에서 유튜브와 OTT가 큰 역할을 떠맡고 있는 시기에 지상파는 어떻게 해야 할까? 핵심과 본질을 보는 사람은 판의 움직임을 갖게 된다. 노자가 이야기했던 바퀴 굴대로 바큇살이 모이는 것으로 설명할 수 있다. 바퀴는 크게 잘 돌지만 가

바퀴 굴대는 비워져 있다. 거기에 쓸모가 있다.

운데 있는 굴대는 조금만 움직여도 주변 바퀴를 움직이게 할
수 있다. 왜냐하면 굴대가 핵심이고 본질이기 때문이다.

삼십폭공일곡(三十輻共一轂) 당기무(當其無) 유거지용(有車之用)

30개 바큇살이 가운데로 집중되니 바퀴통 가운데가 비어 있어야 수

레가 쓸모 있다.

-노자 『도덕경』

30개의 살이 가운데로 모이지만 가운데가 비어 있기 때문에
주변을 움직일 수 있게 한다는 뜻이다. 사진에서도 가운데 굴
대가 구멍이 뚫려 있다. 이것을 보면 지상파들은 바퀴 한 가운
데에 오랫동안 위치해 있었다. 하지만 환경이 변화하며 지상파
의 위치가 흔들리고 있다. 이 때 필요한 것은 자기 자신을 비우
고 다른 것들이 들어와서 축을 채우게 하고, 그 채움으로 인해
서 바깥을 움직이게 해야 하는 것이 아닐까 싶다. 그래서 지상
파가 앞으로 나아가야 할 방향은 자기 자신이 콘텐츠를 채우기
보다는 주변의 많은 사람이 와서 콘텐츠를 채울 수 있게 자기
자신을 비워야 하는 미디어 플랫폼으로서의 가능성을 더 고민
해야 한다.

교양을 뜻하는 독일어는 'Bildung'이다. Bildung은 영어의
build, '세우는 것'이라는 뜻의 단어다. '인격을 도야한다'고 할
때의 그 '도야(陶冶)', 즉 도자기를 만들고 틀을 만들어서 야금

2017년 현대카드 신입사원을 대상으로 특강 중인 필자

을 하는 '도야'라는 단어가 바로 'Bildung'에 해당한다. 즉, 교양이란 어떠한 인격을 형성하는 과정이다. 독일어 'Bildung'에 '안으로'라고 하는 접두사 'ein'이 들어가면 '상상'이라는 단어가 된다. 다소 억지스럽지만, 상상은 교양을 넣음으로써 생길 수 있는 결과물인 셈이다. 디트리히 슈바니츠(Dietrich Schwanitz)의 『교양』이라는 책에 따르면, 교양은 전문가 양성, 직업적인 생활과 관련이 없다고 이야기한다. 보편적인 인격 형성이 핵심이 된다고 설명한다. 또한 어떤 백과사전에서는 인간됨의 완전 실현이 바로 교양이고 인간성이 도달하는 모든 정신적인 과정과 성과가 교양이라고 설명한다. 결국 교양은 인문학과 굉장히 유사하다. 왜냐하면 교양은 철학과 학문의 기본구상, 미술, 음

악, 문학의 대표작을 통달하는 것이기 때문이다. 따라서 상상력은 다양한 학문의 기본 구상을 주입함으로써 생겨날 수 있다는 암시를 얻을 수 있다.

기획은 죽은 온천마을도 살린다

일본에 '기노사키'라고 하는 유명한 온천이 있다. 이 온천은 한국의 온양온천, 도고온천과 마찬가지로 예전에 화려했던 관광지였지만 한동안 사람들이 더 이상 찾지 않는 잊힌 관광지가 되었다. 이 관광지의 특이한 점은 100년 정도 전에 일본 소설의 신이라고 할 수 있는 시가 나오야(志賀直哉)라는 소설가가 13번 정도 이 온천 마을에 방문해서 휴양한 것이다. 이곳은 그가 『기노사키에서』라는 소설을 직접 쓰면서 배경이 되었던 마을이다. 소설이 이 온천마을을 어떻게 되살렸는지 이야기하고자 한다.

이곳에는 '미키야'라는 여관이 있고 이 여관은 소설가 시가 나오야가 머물렀던 공간이다. 이 미키야의 10대 주인이었던 '가타오카'는 '우리 마을을 다시 한번 되살리기 위해서는 소설의 힘을 빌려야겠다'라는 생각을 해서 비영리법인 '책과 온천'을 설립했다. 그리고 일본의 유명한 북 디렉터인 하바 요시타카(幅允孝)에게 "우리 마을을 어떻게 책으로 부흥을 시킬 수 있을까요?"

소설가 시가 나오야가 유숙했던 기노사키 온천의 숙소 '미키야'

라는 컨설팅을 요청했다. 하바 요시타카는 세계 최초의 북 디렉터로, 공간에 가장 최적화된 책을 골라서 공간에 맞는 책장을 만들어 주는 일을 주로 한다. 책과 사람을 만나게 해 주는 큐레이션을 한다. 하바 요시타카는 한국에서도 여러 작업을 했었는데, 현대카드가 여행 도서관을 만들 때 여기에 들어가는 책들을 하바 요시타가가 직접 골라 주어서 화제가 되었다.

하바 요시타카가 선택한 것은 이 온천에서 시가 나오야가 썼던 소설을 물을 튕겨내는 발수성 수지로 새롭게 다시 인쇄했다. 그래서 온천 안에서 온천을 하면서 100년 전에 소설가의 경험을 같이 공유하면서 체험하는 프로젝트를 진행했다. 더 나아가서 일본의 유명한 추리 작가들인 마키메 마나부(万城目学), 미나토 가나에(湊かなえ)에게 직접 이 온천을 소재로 한 새로운 소설을 써 달라고 부탁했다. 이 책은 다른 곳에서 팔지 않고 이 마을에서만 팔게 했다. 마을 사람들이 책을 서적 총판에 넘

02 방송이란 무엇인가? 기획이란 무엇인가?

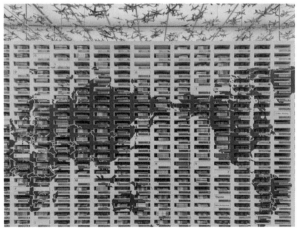

현대카드 여행 도서관
북 디렉터 하바 요시타카가 책을 골랐다.
출처: 현대카드 DIVE 홈페이지(https://dive.hyundaicard.com/web/main.hdc).

기는 것이 복잡해서 그냥 마을에서 팔기로 결정했기 때문이다. 그 결과 사람들이 이 책을 구입하기 위해서 이 온천 마을에 모여들기 시작했다. 그리고 이것으로 인해서 이 마을은 다시 사람들의 관심을 얻게 되고 부흥하게 됐다는 이야기다.

문학의 거리를 만든 하바 요시타카를 취재한 잡지

책으로 마을을 살릴 때 내건 캐치프레이즈가 '지산지독(地産地讀)'이었다. 그 지역에서 생산한 소설을 그 지역에서 읽는다. 결국은 문학이라는 인문학적인 콘텐츠가 마을 재생과 깊숙하게 연결되고, 역사와 큐레이션이 합쳐져서 새로운 지역재생의 결과물을 만들어 냈다.

큐레이션은 콘텐츠를 목적에 따라 분류하고 배포하는 것이다. 방송사도 많은 아카이브가 있지만 이것들이 수용자와 직접 만나도록 더 극적으로 편집하고 분류하고 배포하는 노력이 필요하다. 일본 큐슈의 다케오 도서관은 유명 서점 츠타야에서 직접 운영하고 있고 안에 스타벅스도 있다. 학교 수업을 마친 동네 학생들이 모여서 숙제도 하고 책도 읽으며 쉬는 마을 사랑방으로, 마을 사람들에게 큰 사랑을 받고 있는 것이 느껴졌

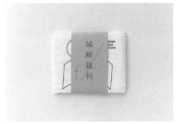

기노사키 온천을 되살리기 위해 만든 다양한 책
목욕 타월과 특산품인 게를 연상시킨 책 디자인이 돋보인다.
출처: https://www.jalan.net/news/article/428185/

다. 1년에 50만 명 이상의 관광객이 찾는다고 했고, 한국에서도 많은 사람이 와서 보고 갔다고 한 직원은 말했다.

　새로운 방식으로 책이 진열되어 있는 츠타야와 다케오 도서

다케오 도서관과 별마당 도서관
벤치마킹의 결과로 보인다.
출처: 규슈관광기구(https://www.welcomekyushu.or.kr), 서울시공식관광정보
(https://korean.visitseoul.net/index).

02 방송이란 무엇인가? 기획이란 무엇인가?

관을 벤치마킹한 것이 바로 삼성역 코엑스 스타필드에 있는 별마당 도서관이 아닐까 싶다. 코엑스 스타필드에 있는 별마당 도서관은 사람들을 모이게 하는 효과가 있어 결국 이 공간과 책의 힘으로 인해서 코엑스 지하 매장의 매출이 전체적으로 상승했다고 한다.

츠타야는 '북 아파트먼트'라고 하는 사적인 느낌이 나는 서점 공간도 만들었다. 시간당 비용을 지불하고 들어가면 누군가의 집에 들어온 느낌이 나고, 잘 편집된 서가에서 필요한 분야의 책을 집중적으로 살펴보고 구입할 수 있다. 츠타야는 주제에 맞는 책과 상품을 함께 파는 방식을 제시하고, 소비자는 자신이 필요로 하는 것을 연관 구매할 수 있게 된다. 이렇게 소비자의 필요에 초점을 맞춰 큐레이션하는 방식이야말로 츠타야의 방식이라고 할 수 있다. 츠타야는 요리책과 요리재료, 조리도구를 함께 팔고 있으며, 무인양품(무지)라는 잡화점에서도 책을 만들어서 판매하고 있다.

츠타야 서점과 잡화점 무인양품의 책 코너
책은 물건을 설명하는 힘을 가지고 있다.

도대체 서점도 아닌 잡화점 '무인양품'에서는 왜 책을 만들어 함께 파는 것일까? "책이 잡화의 가치를 설명해 준다. 결국은 가치를 높여 준다."라는 답변이 인상적이었다.

기획은 귀를 쫑긋 세우는 습관에서

결국 기획은 안테나처럼 우리 주변에 흘러 다니는 수많은 가치와 의미와 느낌을 포착해 내는 것이다. 따라서 기획을 잘하려면 귀를 잘 기울이는 습관을 들여야 한다. 나는 강아지를 키

안테나가 눈에 보이지 않는 전파를 잡아내는 것처럼
기획자도 귀를 기울여 세상에서 아이디어를 추출해 낸다.

집에서 키우는 강아지 깻잎
조금이라도 이상한 소리가 나면 귀를 쫑긋하고 기울인다.

우고 있는데, 강아지가 밖에 나가면 귀를 바짝 세우고 도대체 세상에는 뭐가 있는지 코를 킁킁거리며 냄새를 맡으면서 주변을 탐문한다. 강아지의 귀 모양이 다양하게 변하는 것을 볼 수 있다. 강아지에게 귀는 세상의 흐름, 주변의 흐름을 포착하는 중요한 기관이다.

일본 애니메이션 영화 중에도 〈귀를 기울이면〉이라는 애니메이션이 있다. 요란하고 큰 소리를 내지 않더라도 주변 사람들의 마음의 소리를 들을 수 있는 것처럼, 귀를 잘 기울이면 우리 주변을 감싸고 있는 수많은 의미나 감정, 가치들을 잘 포착해 낼 수 있다. 그래서 기획을 잘 할 수 있는 가장 첫 번째 단계는 우리의 귀를 크게 쫑긋하고 기울이는 것이다.

참고문헌

김병희, 김신동, 홍경수(2022). 보랏빛 섬이 온다. 서울: 학지사.

노자(1995). 도덕경(道德經). 오강남 편역. 서울: 현암사.

손현철, 홍경수, 서용하(2012). 세 PD의 미식기행 목포. 서울: 부키.

손현철, 홍경수, 서용하(2014). 세 PD의 미식기행 여수. 서울: 민음사.

정길화, 서정민, 홍경수, 임종수, 이성민, 김윤지, 유건식(2022). 오징어 게임과 콘텐츠 혁명. 서울: 인물과사상사.

홍경수(2014). 확장하는 PD와의 대화. 서울: 사람in.

홍경수(2016). 예능 PD와의 대화. 서울: 사람in.

홍경수(2019). 기획의 인문학. 서울: 해의시간.

홍경수 외(2002). PD, WHO & HOW. 서울: 커뮤니케이션북스.

홍경수 외(2019). 2020 한국의 논점. 서울: 북바이북.

홍경수, 최경원, 정길화, 김진태, 김수(2022). 당신의 발밑에는 피렌체보다 화려한 부여가 있다. 서울: 북카라반.

Hallin, D. C., & Mancini, P. (2009). 미디어 시스템 형성과 진화: 정치-미디어 3모델(*Comparing Media Systems*). 김수정, 정준희, 송현주 역. 서울: 한국언론재단.

Schwanitz, D. (2001). 교양(*Bildung*). 인성기 역. 서울: 들녘.

高瀬毅 (2017). 책의 소리를 들어라(本の声を聴け). 백원근 역. 서울: 책의 학교.

02 방송이란 무엇인가? 기획이란 무엇인가?

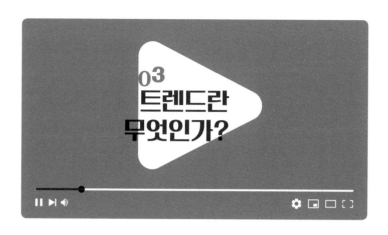

천지인 기획법의 시작, 트렌드

천지인 기획법 중 '천', 즉 트렌드에 대해서 알아보도록 하자. 천은 트렌드에 해당한다. 하늘은 어떤 특성이 있을까? 그리고 땅 '지'를 프로덕트 혹은 콘텐츠라고 설명하고 있는데, 땅의 특성은 또 무엇일까? 마지막으로 사람 '인'은 타깃 오디언스, 수용자라고 할 수 있다. 사람의 특성은 또 무엇일까? 이 세 가지에 대해서 한번 생각해 보길 바란다. 천지인 기획법이란 '천과 지와 인을 읽으면, 새로운 콘텐츠를 만들어 낼 수 있다'는 기획법이다. 하늘의 특징은 끝이 없다는 것이다. 눈에 보이지도 않고, 만질 수도 없다. 계속 변화한다. 아침에 맑았다가 흐려지는 경우도 있고 눈이 왔다가 비가 오기도 하고 해가 쨍쨍하기도 한다. 그래서 트렌드는 끊임없이 변화하는 하늘의 모습과 굉장히 흡사하다. 트렌드는 잡을 수도 없고 시시각각 변하고 있다는 점에서도 하늘에 비유할 수 있다. 우리가 트렌드를 찾기 위해서는 'keep an eye on around us' 우리 주변에 계속 주의를 기울이고 살펴보는 수밖에 없다. 방송 현장에서는 '팔로우'한다고 한다. 시시각각 변하는 환경에 대해서 계속 취재하고 상황을 파악하고 있어야 한다. 두 번째 땅은 우리가 발을 딛고 살 수 있는 단단한 물질이다. 딱딱하고 고정되어 있고 만질 수 있는 특징이 있다. 하늘과 땅은 이러한 차이가 난다. 재미있게도 땅은 하늘의 영향을 심대하게 받는다. 비가 많이 오면 땅은 축축해지고 비가 안 오고 계속 해가 쨍쨍 쬐게 된다면 땅은 마르고 갈라진다. 결국 콘텐츠에 해당하는 땅은 트렌드, 즉 하늘의 영향을 받는다. 마지막으로 사람 '인'은 한자 모양이 사람이 허리를 굽히고 있는 모습을 한자로 표현한 상형 문자이다. 사람이 굽히고 있으면 사람의 얼굴과 표정을 볼 수 없기 때문에 사람의 마음을 가장 알기 어렵다고 설명할 수 있는 근거가 된다. 마찬가지로 땅은 사람의 영향도 받는다. 사람들이 제대로 관리하고 가꾸면 옥토로 바뀔 수 있고 많은 수확을 산출해 낸다. 반면에 사람들이 그것들을 내버려 두면 땅은 금세 황폐해지고 잡초로 무성해진다. 결국 콘텐츠인 땅은 하늘과 사람의 영향에 지배되는 존재다. 여기서 사람에 대한 서양과 동양에 대한 관점은 다르다. 서양에서는 소비자나 수용자를 흔히 타깃이라는 용어로 표현한다. 타깃은 다른 말로 이야기하면 과녁이다. 과녁은 우리가 맞춰서 쓰러뜨리고 어떻게 보면 결국 파괴시켜야 하는 존재다. 하지만 동양에서는 사람을 움직이지 않는 고정적인 존재로 보지 않고 변화무쌍한 존재, 알기 어려운 존재, 그래서 결국 이해의 대상으로서의 존재로 상정하고 있다. 한국의 인내천 사상 역시 '사람이 곧 하늘이다' '하늘과 사람은 같다' 이렇게 인식하는 생각이다.

그렇다면 하늘은 어떻게 읽을 수 있을까? 트렌드를 정의해 보자면, 트렌드의 사전적 의미는 경향, 동양, 추세, 변화, 현상 등을 의미한다. 들고나는 밀물과 썰물도 트렌드라고 할 수 있다. 바람에도 실은 길이 있고 해류에도 제트기류와 같이 빨리 움직이는 해류가 있다. 모든 자연현상에는 길이 있고 움직임이 있고 또 흐름이 있다. 2016년에 화제가 되었던 영상 콘텐츠가

크리에이터 그룹 딩고에서 만든 넥타이 매 주는 영상, 시대를 잘 반영했다.
출처: https://www.youtube.com/watch?v=SIpD6LI2rGg

있다.

　도대체 왜 이 콘텐츠가 사람들로부터 큰 화제를 모았는지 트렌드라는 관점에서 생각해 보자. 이 콘텐츠가 만들어진 그 시기와 당시 트렌드에 대해서 한번 생각해 보자. 2016년에는 젊은 세대와 노년 세대 간의 갈등이 극대화되던 시기였다. 이념적인 대립도 심했으며 서로를 불신하는 시대 분위기였다. 이런 시기에 누구의 자식인지 모르겠으나 부모의 마음, 또 할아버지의 마음으로 입사를 준비하는 젊은 청년의 넥타이를 매 주며 정리해 주는 따뜻한 영상이 시대적인 트렌드를 잘 반영한 콘텐츠라고 생각한다. 따라서 콘텐츠를 기획하는 첫 번째 단계가 트렌드를 찾는 것이고, 그 트렌드를 잘 반영했을 때 그 콘텐츠는 큰 파급 효과를 가져온다.

간접 경험과 직접 경험을 통한 트렌드의 발견

　트렌드는 간접 경험과 직접 경험, 이 두 가지 방법으로 찾을 수 있다. 간접 경험에는 독서나 자료조사, 대중매체를 통한 탐구 방법이 있고, 직접 경험은 기획자가 직접 몸으로 체험하는 것이다. 여행을 가거나 관찰하거나 인터뷰, 체험, 시장 조사 모두 직접 경험에 해당한다. 결국 트렌드를 읽는 것은 우리 주변을 둘러싼 현상들을 조사하고 분석하고 파악하는 과정이다. 일

방적인 트렌드의 확인 방법은 텔레비전이나 잡지나 신문, 인터넷, 책 등 이미 누군가가 정리해 놓은 개념과 정보를 파악하는 것이다. 이 단계에서 가장 중요한 것은 정보를 가능한 한 많이 모으는 것이다. 정보에는 무엇이 좋다고 하는 정보도 있고 무엇이 나쁘다고 하는 정보도 있다. 이 두 가지를 다 알고 있어야지 이 둘 사이의 관계나 미묘한 맥락의 차이를 이해할 수 있다.

다음은 독서다. PD들이 새로운 콘텐츠를 기획할 때 가장 자주 하는 방법이 신간이 나와 있는 서점에 가서 둘러보는 것이다. 서점 책꽂이에 꽂혀 있거나 누워 있는 책을 보는 것만으로도 새로운 콘텐츠에 대한 인사이트를 얻게 된다고 한다. 나는 학생들에게도 새로운 것을 만들고 싶으면 서점에 가서 3시간 동안 머무르라고 이야기한다. 학생들이 3시간 동안 서점에 머물면서 눈에 띄는 책을 집어 들게 되고 그 책에서 얘기하는 것을 본인이 만들고 싶어 하는 콘텐츠와 연결하는 과정을 통해서 새로운 콘텐츠를 기획하는 경우를 많이 보았다. 그렇지만 대중매체는 누군가의 눈으로 반영된 현실이라는 한계를 가지고 있다. 그래서 대중매체에 나와 있는 트렌드에 관한 자료는 이미 시대가 지난 걸 수도 있다. 또 누군가의 주관적인 판단으로 만들어진 것일 수도 있다는 점을 감안해야 한다. 자료조사를 할 때는 인터넷 검색이나 전문자료를 많이 찾는데, 먼저 폭넓은 연관검색어 설정을 제안한다. 그래서 단지 직접적인 단어만 넣는 게 아니라 연관되어 있는 풍부한 시소러스(thesaurus, 유의

어)를 검색어로 넣어서 키워드로 활용하는 게 좋다. 자료조사
에 도움이 되는 몇 가지 사이트로는 구글을 추천한다. 자동 번
역 서비스를 통해서 전 세계의 데이터베이스들에게 접근하는
데 효율적이다. 한국사 데이터베이스에도 『조선왕조실록』과
같은 여러 가지 역사 관련 데이터들이 정리되어 있다. 역사자
료를 바탕으로 한 기획에는 요긴한 사이트다. Bigkinds에서는
오래된 신문 기사나 지방지, 여러 전문지들을 검색할 수 있다.
또 학자들의 논문을 검색할 때는 KCI라는 사이트를 통해서 검
색하는 것을 추천한다. 더불어 도서관의 다양한 데이터베이스
를 통해 전문적인 자료에 접근할 수 있다.

직접 경험은 지금 같은 가짜 뉴스의 시대에 더욱 중요성이

출처: https://www.spiegel.de/international/

03 트렌드란 무엇인가?

커진다. 지금 지상파 역시 신뢰할 만한 정보를 계속 전달해 줘야 하는 책임감이 있다고 할 때, 직접 경험의 중요성이 더 커진다는 것이다. 여기서 한 가지 힌트를 얻을 수 있는 것은 독일 함부르크에 본사가 있는 『슈피겔(Spiegel)』이라고 하는 잡지다.

『슈피겔』은 '기자들이 직접 보고, 체험한 것만을 기사로 쓴다'는 원칙을 가지고 있다. 인용을 할 때도 세계적인 명성을 가진 신뢰할 만한 학자의 인터뷰를 인용하는 원칙을 가지고 있다. 만약에 어떤 곳에 전쟁이 일어났을 때, 다른 매체들은 통신사 뉴스를 받아서 정리를 할 때에도 이 잡지사는 직접 기자들을 그곳에 파견을 한다. 그렇기 때문에 출장비나 인건비가 많이 소요되지만, 기자들이 직접 보고 온 것만을 기사로 쓰기 때문에 신뢰도가 높아진다. 편집국에는 교열 부서와는 달리 검증 부서가 따로 있다. 기자가 쓴 내용이 정말 타당한지, 정말 진실한지 검증하는 부서를 거쳐 팩트 체크하는 과정을 통해서 잡지를 만들고 있다고 한다. 물론 이러한 과정을 거치더라도 오류는 나올 수 있지만, 가능성은 낮아질 것이다.

스타벅스는 2022년 전 세계에 35,711개의 지점을 가지고 있으며, 미국 15,444개, 중국 6,019개, 일본 1,630개 그리고 한국에는 1,750개의 지점이 있다고 한다. 한국에는 인구가 2배 되는 일본보다 더 많은 지점이 있다. 한국에 스타벅스가 왜 이렇게 밀도 높게 있는지 한국 사람들에게는 익숙하나, 유럽에서 온 사람들이 봤을 때는 낯선 모습으로 보일 것이다. 이것이 여행이 주는 효용이다. 트렌드를 파악하기 위해서는 '관찰'이라는 방법을 제안하고 싶다. 관찰은 표면을 뚫고 들여다보는 것이다. 만약에 신발이 떨어져서 당장 신발이 필요할 경우 거리를 지날 때 다른 것보다도 우선 신발이 가장 먼저 눈에 들어올 것이다. 나는 이것을 '마음이 가난한 자의 시선'이라고 표현한다. 우리의 필요, 결핍이 있기 때문에 그것들을 더 쉽게 파악하게 된다. 콘텐츠를 기획할 때 어떠한 목표나 필요가 있다면 밖에 나가서 만남을 통해서도 트렌드를 잘 파악할 수 있다. 여행은 우리로 하여금 타자의 시선을 갖게 한다. 다른 국가에서 보내는 이틀은 익숙한 환경에서 보내는 30일만큼의 가치가 있다는 극작가 유진 이오네스코(Eugene Ionesco)의 여행공식을 떠올린다면, 여행할 이유는 차고도 넘친다.

그냥 보는 것을 시(視)라고 한다면, 관(觀)과 찰(察)은 더 깊숙하게 들여다보는 것을 지칭한다. 공자는 『논어』에서 보는 방식 세 가지를 구별해 놓았다.

시기소이(視其所以) 관기소유(觀其所由) 찰기소안(察其所安) 인언수재(人焉廋哉) 인언수재(人焉廋哉)!

그 사람이 하는 행동을 보고 그 사람이 걸어온 길을 살피고 그 사람이 어떤 것에 만족을 느끼는지를 관찰한다면 그의 사람 됨됨이를 어디다 숨기랴, 그의 사람 됨됨이를 어디다 숨기랴!

ー공자 『논어』

03 트렌드란 무엇인가?

공자는 보는 것과 살피는 것 그리고 관찰하는 것의 차이를 구분해서 설명해 놓았다. 텔레비전을 그냥 보는 것을 watch라고 한다면, 해독하는 것을 read라고 할 수 있다. 피스크와 하틀리(Fiske & Hartley)가 쓴 책이 'Watching Television'이 아니라 『Reading Television』인 까닭이 여기에 있다. 단지 눈으로 보는 텔레비전이 아니라, 보고 해석하고 분석하는 텔레비전에 대한 이야기가 문화연구에 필요하다는 것이다.

다음은 인터뷰다. 사람을 만나서 의견을 들어보는 인터뷰가 트렌드를 파악하는 데 굉장히 좋은 방법이다. 시장 조사할 때도 인터뷰를 통해서 하는 경우가 많다. 기타 보고 듣고 느끼는 모든 것을 다 체험이라고 할 수 있다. 트렌드는 이렇게 여러 가지 직접 경험과 간접 경험을 통해서 만들어질 수 있다. 가령 이런 신문 기사를 봤다고 생각해 보자. '광주에서 원룸에 살던 할아버지가 숨진 지 10일 만에 발견되었다.' 고독사 문제를 보여주는 신문 기사다. 이 기사를 보고 어떤 콘텐츠를 만들 수가 있을까? 전남 장성군에서는 홀로 사는 노인을 위해서 '고독사 지킴이단'이라고 하는 콘텐츠를 기획했다. 서울시에서는 고독사를 하신 분들의 장례를 시에서 대신해 주는 '장례 공영제도'라는 콘텐츠를 만들었다. 이런 신문 기사를 통해서도 트렌드를 파악하고 거기에 걸맞은 행정 콘텐츠를 만들 수 있다는 것이다. 결국 트렌드는 우리를 둘러싼 세계를 지배하는 하나의 흐름이라고 할 수 있다. 헤겔(Hegel)이 사용한 시대정신(Zeitgeist)

라는 용어는 '어떤 시대에 살고 있는 사람들의 보편적인 정신 자세나 태도'를 지칭한다. 기획자 역시 이런 시대정신으로부터 자유롭기는 어렵다. 자, 올해의 트렌드는 무엇일까?

포용을 통한 지역재생 '가미야마 스토리'

트렌드와 관련하여 재미있는 사례가 있다. 전 세계적으로 인구가 점점 줄고 있고 마을은 노령화되고 있다. 도시화 때문에 시골이 점점 활기를 잃고 있는 가운데, 지방자치단체는 지역재생이라는 화두를 머리에 얹고 괴로워하고 있다.

일본의 시코쿠에 '가미야마'라는 작은 시골 마을이 있다. 도쿄에서 무려 600km나 떨어져 있고 인구는 5,300여 명인 작은 산골 마을이다. 마을에는 바다도 큰 강도 없어서 정말 산속의 오지라고 할 수 있다. 이 마을에 최근 10년 동안 200명이 넘는

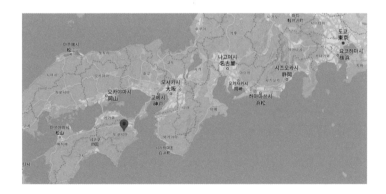

03 트렌드란 무엇인가?

사람이 모이는 것은 사람이 있기 때문이다.
산간오지에 사람을 처음 끌어들이는 계기를 만드는 것이 지역재생의 첫걸음이다.
출처: https://week-kamiyama.jp/stay/

포용을 통한 지역재생 '가미야마 스토리'

젊은 IT 인력들이 이주했다고 한다. 도대체 무슨 매력이 있길래 이 작은 시골 마을에 젊은 전문 인력들이 모여들었을까?

이 마을의 가장 큰 특징은 '코워킹 스페이스'라는 공간을 제대로 만든 것이다. 위성사무실(satellite office)로 불리는 이 공간들은 대도시에 본사가 있는 회사들이 입주하여 회사 직원들의 근무를 가능하게 했다. 이는 코로나19 시대에 시도했던 재택근무와는 다른 개념으로 통신기술의 발달로 굳이 밀집된 도시환경에 모든 직원이 근무하지 않고, 아예 지방으로 이주하여 그곳에 머물며 근무하는 콘셉트다. 'Week Kamiyama'라는 숙박시설은 하루에 7만 원 정도로 1박을 할 수 있으며, 저녁에는 같

가미야마에 있는 위성사무실 단지의 사무실 전경
자연 속에서 일할 수 있는 환경이 돋보인다.
출처: https://theinitium.com/article/20151130-culture-column-ronlam/

03 트렌드란 무엇인가?

은 IT 전문 인력들이 함께 모여 식사를 하면서 정보를 공유하고 서로에게 유대감을 높이는 행사를 한다. 비슷한 생각을 가지고 비슷한 일을 하는 사람들이 모인 것이 강력한 흡입력이 되어서 젊은 인력들이 200명이나 이주할 수 있었다.

마을에 위성사무실 단지가 있고, 누구나 이용할 수 있는 코워킹 스페이스와 사무실을 사용할 회사 등을 유치함으로써 젊은 IT 기술자들을 유치한 것이다.

이 아이디어의 시작은 예술에서 시작했다. NPO 법인 '그린밸리'에서 주도했는데, 총괄 기획자는 오미나미 신야(大南信也)다. 이 사람은 이 마을이 고향이고 미국에서 공부하고 돌아와서 자기 마을을 새롭게 활력을 불어넣기 위해 여러 가지 생각을 했다. 결국은 예술로 사람들을 끌어 모았고 더 젊은 사람들이 와서 일할 수 있는 여러 가지 기반 시설을 만들어서 전문 인력들을 끌어들였다. 여기서 중요한 것은 사람의 수가 중요한 게 아니라 어떤 사람이 오느냐라는 사람의 질과 관련된 문제다. 즉, 경제활동이 가능한, 열심히 뭔가를 끌어들이는 젊은 인력들이 모이는 게 중요하다. 사람의 수가 중요한 게 아니라 사람의 질이라고 표현을 했는데, 약간 듣기 좀 거북할 수도 있지만 결국은 누가 있느냐가 더 중요하다는 것이다. 다음은 다른 관점을 가진 사람을 받아들이는 것이다. 다른 것을 받아들이는 공간은 따뜻하고 평온하다. 사람들은 배타적인 공간보다는 누구든지 받아들여 주는 포용적인 공간에서 더 쉽게 적응한다. 마지막으로는 문화가 경제보다 먼저라는 것이다. 한국에서는 한 때 어떻게 하면 경제를 키울까, 어떻게 하면은 인프라를 더 좋게 할까라고 골몰했지만, K 콘텐츠의 성공에서 보듯, 2020년 한국 콘텐츠의 수출액은 120억 달러에 달했고, 가전제

地産地食

사람이 일하고 거주하는 데 음식은 너무나 중요하다.
푸드허브 프로젝트가 이러한 필요를 충족시킨다.

출처: http://foodhub.co.jp/

품의 73억 달러, 디스플레이 패널 수출액인 41억 달러를 훨씬 뛰어넘었다. 더 중요한 것은 문화다. 우리 문화를 통해서 후광 효과로 경제가 발전되는 인사이트를 주는 것이 바로 '가미야마 스토리'이다.

가미야마에는 '지산지식(地産地食)'이라는 개념도 적용됐다. 그 땅에서 만든 농산물을 그 마을에서 먹는 로컬푸드에 대한 이야기다. 그 마을의 특산물로 음식을 만드는 푸드허브 프로젝트를 시작했고, 사회적인 농업을 지향하고 여러 가지 로컬푸드를 만드는 식당과 빵집을 만들었다. 가공 식품을 만들어서 외부에 판매를 하는 프로젝트도 있다. 식당들을 통해서 주민들, 구성원들을 끌어 모으는 구심점이 되는 경험을 제공했다. '셰프 인 레지던스'라는 프로그램을 통해서 전국에 있는 요리사들이 휴식을 취하고 싶을 때 이 마을에서 쉬면서 특산품을 가지고 요리를 개발해 주고 돌아가는 일종의 안식년 프로그램도 큰 힘이 되었다. 삼나무를 벌채하여 가공품이나 에센스를 만들어서 상품을 만드는 '가미야마 시즈쿠 프로젝트'나, 무언가를 만들어 낼 수 있는 공간인 '메이커 스페이스', 크라우드 펀딩을 통해서 마을에서 수제 맥주를 만드는 '비어 프로젝트'도 계속 이어졌다. 특히 '아티스트 인 레지던스'에 참여했던 한 부부가 맥주 공장을 만들어서 이 마을에 새로운 활력을 불어넣어 주었다.

마을에서 가장 중요한 것은 '포용 도시' 개념이다. 누군가 왔을 때 그곳이 미묘한 차이로 편안하게 느껴지기도 하고 불편하

아트 인 레지던스로 방문한 부부가 만든 맥주 공장
젊은이를 끌어들이기 위해서는 맥주 공장도 유용하다.

게 느껴지기도 한다. 그래서 마을과 공간이 사람들을 끌어들이고 그 사람들이 그 안에서 편안하게 거주할 수 있도록 만드는 것이 마을 재생의 핵심이다. 우리를 둘러싼 트렌드는 사회적 거리두기, 백신, 주식 투자, 공정 그리고 페미니즘, 소수자, 다양성, 로컬택트(local tact) 등이 있겠지만 마지막에 써 놓은 'local tact'라고 하는 것이 중요한 키워드다. 코로나19로 인해 시행했던 '사회적 거리두기'는 풀렸지만, 대규모 사회적 접촉은 여전히 부담스럽다. 작은 공동체를 중심으로 믿을 수 있는 사람끼리 더 강화된 접촉을 이어 간다는 것은 자연스러운 현상이다. 사람은 사람을 만나지 않고는 살 수 없고, 만나야 하는 사람들은 꼭 만나야 할 수밖에 없기 때문이다. 그래서 지역사회를 중심으로 작은 공동체, 작은 단위로 접촉하는 로컬택트는 의미 있는 키워드다. 여러 가지 트렌트 중에서도 우리가 좀 더 중요하다고 생각하는 트렌드, 우리 눈에 들어오는 트렌드를 잡고 그 트렌드를 가지고 콘텐츠를 발전시켜 나가는 것이 필요하다. 수많은 언론에서 이야기하는 트렌드 말고도 우리 손에 잡힐 듯 잡히지 않는 트렌드들이 많다. 그런 것들을 적극적으로 찾아내서 콘텐츠로 만들어 내야 한다. 트렌드를 파악했다면 반 발짝 정도 앞서는 것이 가장 좋다. 방송은 대중예술이기 때문에 대중과 밀접하게 호흡해야 하고, 최신의 트렌드보다 반 발짝 정도 앞서는 콘텐츠를 만드는 것이 최적이다. 너무 앞선 콘텐츠를 기획했다가 빛을 보지 못하고 스러졌다가 몇 년 후에야 성공하게 되는 콘텐츠들도 적지 않다.

참고문헌

공자(2021). 논어(論語). 박삼수 역. 서울: 문예출판사.
송치복(2003). 생각의 축지법. 서울: 디자인하우스.

Fiske, J., & Hartley, J. (2003). *Reading Television*. New York, NY: Routledge.

https://www.in-kamiyama.jp

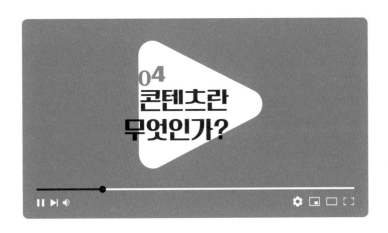

04
콘텐츠란
무엇인가?

이번 강의에서는 천지인 기법 중 '지', 즉 콘텐츠에 대해서 알아본다. 지금은 콘텐츠의 시대라고 누구나 말을 한다. 콘텐츠가 도대체 무엇인지, 이것을 통해서 기획하는 방법도 살펴보도록 한다.

세상에서 가장 창의적인 미술관

내가 봤던 미술관 중 가장 독창적이고 창의적인 미술관은 나오시마 예술섬 중 하나인 테시마 미술관이다. 테시마 미술관은 가장 창의적인 미술관으로 손꼽힌다. 나오시마에서 배를 타고 북쪽으로 이동하면 당도할 수 있는 테시마 미술관은 텅 비어 있음을 오브제로 전시하고 있다. 바다가 보이는 높은 언덕으로 올라가면 작은 언덕들 사이로 몸을 숨긴 듯한 타원형의 납작한 흰색 시멘트 건물이 보인다. 우주선 같기도 하고 방공호처럼 보이기도 하는 이 건물에 들어가기 위해서는 굽은 오솔길 같은 시멘트 길을 걸어가야 한다. 점점 가까이 갈수록 미술관 건물이 모습을 드러내고, 입구를 통해 미술관으로 들어간다. 20센티는 족히 되는 두께의 콘크리트 건물, 눈에 보이는 모든 것이 곡선이다. 거대한 물방울이 지구에 떨어진 모습. 2개의 커다란 동그란 구멍이 파여 있어, 완전히 실내도 아니고 실외도 아닌 독특한 건축가 니시자와 류웨(西澤立衛)만의 공간이 만들어졌다. 뚫린 구멍으로는 파란 하늘과 푸릇푸릇한 나뭇잎이 보인다.

미술관 안에는 인공적인 예술품이 없다. 관람객 몇몇이 서 있거나 앉아서 무언가를 골똘히 바라본다. 매끈한 바닥 곳곳에서 물방울이 솟아오른다. 물방울은 바닥의 굴곡을 따라 흘러내린다. 흐르다가 다른 물방울을 만나 하나가 되기도 하고 다시 갈라지기도 한다. 물방울이 솟아나고 흐르는 아이디어는 나이토 레이(內藤禮)의 작품이다. 아무도 없는 텅 빈 공간에 물방울이 솟아나고 열린 공간으로는 하늘과 자연이 들어왔다. 침묵하며 물방울을 바라보니 흡사 태초에 생명이 탄생하는 순간을 목도하는 듯하다. 물방울들은 솟아나고 합종연횡하고 갈라지다가 사라진다. 공간을 채우는 것은 물방울과 관객. 이것이 참여형 예술이 아니고 무엇일까? 이 때문에 나는 창의성 강의에 빠짐없이 테시마 미술관을 소개하고 있다(김병희, 김신동, 홍경수, 2022). 니시자와는 물방울 형상의 미술관을 만든 데 대해 각진

세상에서 가장 창의적인 미술관으로 손꼽히는 데시마 미술관
열린 공간과 텅 빈 공간이 주된 콘셉트다.
출처: https://benesse-artsite.jp/en/art/teshima-artmuseum.html

세상에서 가장 창의적인 미술관

모서리가 없는 예술과 건축이 잘 조화된 건물을 만들고 싶었고, 그 당시 물방울 아이디어가 떠올랐는데, 주변의 세토내해와 호수 등과도 잘 어울릴 듯하여 커다란 물방울 모양의 미술관을 만들었다고 했다(GA, 2013, pp. 72-73).

노자가 이야기했듯 비웠기 때문에 사람들이 채우고 사람들이 미술품이 되는 새로운 풍경을 만들어 내는 미디어적인 속성을 가진 게 아닌가. 이 미술관은 예술섬으로 유명한 나오시마에서 가까운 부속 섬이다. 안도 다다오(安藤忠雄)라는 건축가가 땅속에 들어 있는 미술관인 지중 미술관을 만들어서 화제가 되었다. 쿠사마 야요이(草間彌生)가 호박 조형작품을 만들었고 니시자와 류에(西沢立衛)와 세지마 카즈요(妹島和世)가 함께 배를 타는 여객선 터미널을 우주정거장처럼 만들었다.

이 마을의 선술집에 갔더니 전 세계에서 모여든 젊은이들이 직접 음식을 서빙하면서 손님들과 함께 의사소통을 하고 있었다. 옛날 집들을 그대로 되살려서 미술품으로 만들고 사람들에게 전시하는 공간으로 활용하는 이에(家) 프로젝트도 굉장히 독특했다. 한국에서도 섬을 예술섬으로 만들고자 하는 시도들이 있다. 통영, 고흥, 신안에서 여러 가지 예술적인 시도를 하고 있다. 나오시마가 준 좋은 영향이라고 할 수 있다. 수십만 명의 관광객이 매년 나오시마에 찾아오는 이유는 바로 거기에 콘텐츠가 있기 때문이다.

나오시마 카페에는 많은 외국인이 거주하며 일하고 있다.

콘텐츠는 무엇인가?

콘텐츠의 정의에 대해서 알아보도록 하자. 2020년도 문화관광부 예산에 대한 보도자료를 보면 주로 실감 콘텐츠, 콘텐츠 산업, 특히 가상현실, 홀로그램 콘텐츠 등 문화라고 하는 게 결국 콘텐츠라는 단어로 등가 교환되는 것을 볼 수 있다. 짧은 보도문 안에서 총 여섯 번 사용되는 단어가 바로 콘텐츠다. 우리가 콘텐츠를 만날 수 있는 가장 가까운 첫 번째 경험은 커피를 샀을 때 뚜껑에 쓰여 있는 글귀다.

커피컵 뚜껑에서 콘텐츠를 쉽게 접할 수 있다.
출처: https://spoonuniversity.com/

Caution, Contents are hot. 보통 이렇게 뚜껑에 쓰여 있다. 콘텐츠가 뜨거우니 조심하라. 그렇다면 콘텐츠는 컵 속에 담겨 있는 음료라고 이해할 수 있다. 더불어 컵은 콘텐츠를 담고 있는 미디어라고 할 수 있다. 미디어를 컵이라고 한다면 콘텐츠는 그 안에 담긴 내용물인 음료라고 이해하는 게 가장 빠르다.

내가 내린 콘텐츠의 첫 번째 정의는 '미디어에 담긴 내용으로서의 정보'다. 미디어에 담긴 내용에는 교육 콘텐츠, 관광 콘텐츠, 정책, 과학, 의료 등 거의 모든 분야의 내용물들이 포함된다. '기호 몇 번 후보는 콘텐츠가 없다'는 방식으로 콘텐츠를 활용하기도 한다. 어떤 사람이 머릿속에 가지고 있는 다양한 지식, 경험 등을 토대로 얻게 된 문제해결 능력을 지칭한다. 여러 연구소에서도 콘텐츠에 대한 정의를 내렸다. 문자나 영상, 소리 등의 정보를 가공해서 소비자에게 전달하는 정보 상품이라고 정의했다(콘텐츠비즈니스연구소, 2000). 어떠한 이야기에 중심을 맞춰서 다양한 미디어에 공통되는 내용으로서의 원작 개념이 바로 콘텐츠(심상민, 2002)라는 정의도 있었다. 'OSMU'라는 용어에 입각한 콘텐츠의 정의다. 하지만 콘텐츠의 개념은 이와 같은 좁은 의미의 정의만으로 담아낼 수 없게 되었다. 커뮤니케이션의 모델을 통해서 한번 그 콘텐츠의 정의에 접근해 보자.

어떻게 보면 커뮤니케이션학의 아버지는 아리스토텔레스라고 할 수 있다.

아리스토텔레스의 커뮤니케이션 모델
커뮤니케이션의 구성요소와 진행방향을 보여 준다.

아리스토텔레스는 speaker와 audience 그리고 가운데 있는 speech라고 하는 가장 원초적인 커뮤니케이션 모델을 처음 만들었다. 발신자와 수신자 그리고 그 가운데에 들어가 있는 게 스피치(speech)라고 할 수 있는데, 스피치가 바로 콘텐츠라 할 수 있다. 커뮤니케이션학의 4대 선구자라고 할 수 있는 라스웰(Lasswell)은 'who-says what-in which channel-to whom-with what effect'라는 커뮤니케이션의 모델을 제시했다. 이것도 기본적인 커뮤니케이션 모델이라고 이야기하고 있는데, 여기서 두 번째, 즉 '무엇을 이야기하느냐'라고 하는 게 콘텐츠에 해당한다. 나는 이러한 여러 가지 학자들의 내용들을 요약, 정리해서 커뮤니케이션에서의 콘텐츠는 '발신자와 수신자를 연결하는 내용'이라고 종합적인 정의를 내렸다. 그래서 발신자와 수신자를 연결하는 어떠한 내용이라도 콘텐츠가 될 수 있다는 것이 나의 주장이다. 이것이 천지인 기법의 '땅 지(地)'다.

땅의 특징을 한자로 보면 '흙 토(土)' 변에 어조사 '야(也)'가 합쳐졌고, 어조사 야(也)는 전갈의 형상을 그려 낸 한자다. 전갈은 평평한 등을 가지고 있는 동물이다. 땅은 높낮음이 없이 평평하고 단단하다는 특징을 가지고 있다. 앞서 말했듯이 '지'라는 것은 콘텐츠이고 콘텐츠는 하늘의 영향과 사람의 영향을 받는다. 비가 많이 오면 땅이 홍수가 되고 사람들이 살기 어렵게 된다. 비가 적당히 오게 되면 농산물이 잘 성장한다. 하늘 아래 새로운 게 없다고 할 수 있는데, 우리가 콘텐츠를 만들기 위해서는 다른 콘텐츠를 참조해야 한다. 그것을 확인하지 않으면 뜻하지 않게 표절이 될 위험성이 있다. 그래서 주변에서 어떤 콘텐츠들이 나오고 어떤 콘텐츠를 만들었는지 확인하는 것이 중요하다. 가령 〈복면가왕〉이라고 하는 콘텐츠가 분명히 있는데 이것을 보지 않고 복면을 써서 유사한 오디션 프로그램을 만든다면, 비록 〈복면가왕〉을 표절하지는 않았지만 오리지널 콘텐츠로서 보호받기 어려울 수도 있다. 콘텐츠를 만들기 위해서는 다양한 콘텐츠를 많이 참조해야 한다. 구양수가 이야기했던 다독, 다작, 다상량, 즉 글쓰기의 원리라고 할 수 있는 '삼다(三多)'를 실천하는 습관이 중요하다. 콘텐츠를 기획하기 위해서도 콘텐츠를 많이 보고 콘텐츠를 많이 기획해 보고 콘텐츠에 대해 많이 생각해 보는 것이 필요하다.

기획의 기초, 벤치마킹

콘텐츠 기획의 가장 대표적인 방법 중에 한 가지가 벤치마킹이다. 너무나 많이 들어보았기에 별로 흥미가 없는 기법일 수도 있다. 하지만 매우 유용한 접근법이다. 벤치마킹은 강물의 높낮이를 측정하기 위해서 다리나 강둑에다가 설치한 기준점을 설치하는 행위다. 지지대가 벤치이고 그곳에 표시를 하는 것이 마킹이다. 강가에서 볼 수 있는 수위를 표시하는 시설과 유사하다. 벤치마킹은 한 분야에서 잘된 사례를 최고점으로 찍고 이 최고점에 최대한 가까이 가기 위해서 잘된 성과를 비교하는 방법이다.

벤치마킹의 절차는 다음과 같다. 첫 번째로 적용 분야를 선택하고, 그 안에서 어떤 상대를 결정하고 정보를 수집한다. 또 상대가 이룬 성과와 우리의 성과 차이를 확인하고 결과들을 전파한다. 그다음에 혁신교육을 수립하고 실행한 뒤에 평가한다. 벤치마킹의 시작점은 제록스라는 복사기 회사다. 일본의 캐논이라는 회사가 작고 값싼 복사기를 내놓음으로써 제록스에서 캐논 회사를 벤치마킹하여 어떻게 자신들이 더 발전할 수 있는지, 어떻게 개선해야 하는지를 찾았다고 한다.

콘텐츠 기획의 확장, 세력장 분석

또 다른 콘텐츠 분석 방법 중 한 가지가 세력장 분석(force field analysis)이다. 하나의 콘텐츠를 둘러싼 추진력과 억제력, 이 두 가지를 측량해서 수치화하는 것이다. 추진력은 더 키우고 억제력은 낮춤으로써 콘텐츠가 가지고 있는 힘을 키우는 것을 도모하는 방법이다. 그림으로 표시하자면 이렇다.

세력장 분석의 구조
추진하는 힘과 억제하는 힘이 경합한다.

어떠한 목적이 있다면 이 목적의 왼쪽에는 이 목적을 가능하게 하는 요소(driving force)를, 오른쪽에는 이것을 제한하는 요소(restraining force)를 나열하면 된다. 그림과 같이 각각의 요소들을 화살표로 그리고 힘의 크기를 숫자로 표시하면 한눈에 들어온다. 그래서 가장 큰 '추진력'이 무엇인지, 또 가장 큰 '억제력'이 무엇인지 파악하고 분석한 뒤 '추진력'을 키우고 '억제력'

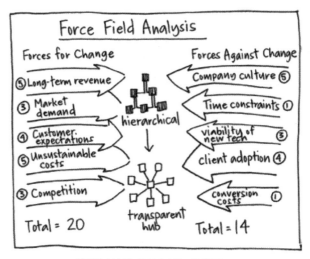

세력장 분석은 구성요소를 세분화하고,
힘의 크기를 수치화하면 더욱 효율적이다.

출처: https://gamestorming.com/force–field–analysis/

을 줄임으로써 목표에 더 가까이 갈 수 있도록 하는 것이 세력
장 분석이다.

이것을 우리 조직에 적용시켜 보자. 조직이 좀 더 발전하지
못하게 하는 이유는 무엇일까? 추진력과 억제력을 여러 가지
요소로 구분하고 이것을 비교하며 어떤 요소들을 키우고 어떤
요소들을 더 개선할 것인지 분석을 통해서 조직의 발전을 도모
할 수 있다. 예컨대, 우리 도시가 정체된 이유는 무엇일까? 이
것도 마찬가지다. 우리 도시의 매력적인 요소와 우리 도시에
사람들이 오지 못하게 하는 요소가 무엇인지 여러 가지를 나열
함으로써 분석할 수 있고 우리 개인 자신들에게도 똑같이 적용

벤치마킹을 통해 현대카드는 금융회사를 뛰어넘는 회사가 되었다.
출처: 현대카드 DIVE 홈페이지(https://dive.hyundaicard.com/web/main.hdc).

할 수 있다.

벤치마킹과 관련한 좋은 사례가 현대카드다. 현대카드는 금융회사가 맞을까 싶을 정도로 다양한 문화적 기획을 내놓았다. 회원들을 위한 여러 도서관을 만들고, 해외스타의 공연을 기획했다. 현대카드는 '인사이트 투어'라는 프로그램을 통해 직원들을 벤치마킹할 만한 회사에 보낸다고 한다. 여행을 통해 좋은 것들을 가져오고 그것을 회사에 반영하는 것이 현대카드의 벤치마킹이다.

체험을 파는 움프쿠아 은행의 상상력

내가 생각할 때 현대카드가 벤치마킹한 은행은 바로 움프쿠아 은행이다. 움프쿠아는 미국 서부의 오리건주에 있는 작은 카운티, 어떻게 보면 마을이라고 할 수 있을 정도로 작은 행정단위다. 인구가 천 명이 안 되는 이곳을 배경으로 한 지방 은행이 움프쿠아 은행이다. 우리나라로 치면 마을금고 정도의 수준이다. 작은 은행의 생존이 기로에 놓인 2003년에 움프쿠아 은행은 큰 은행들과 경쟁하기 위해서 벤치마킹을 시도했다. 직원들을 서비스가 좋은 곳으로 파견했다. 좋은 호텔에 보내고 커피숍에 보내고 인터넷 카페에 보내서 그들이 보고 온 것들을 은행에 적용하겠다고 CEO가 이야기했다. 여기서 나온 이론이

갤러리를 연상케 하는 움프쿠아 은행
은행의 본질이 무엇인지 천착한 결과물이다.
출처: https://www.americanbanker.com/news/umpqua-columbia-merging-to-create-50-billion-asset-west-coast-bank

슬로우 뱅킹 이론이다. 일반적인 은행의 목표는 손님들이 서비스를 마치고 빨리 가도록 하는 것이다. 회전율을 높이는 것이 지상의 목표처럼 되어 있다. 하지만 움프쿠아에서는 고객이 은행이라는 공간에 오래 머물고 싶게 만드는 것을 지향했다. 오랫동안 머물면 자연스레 이미지가 좋아지고 결국 매출도 올라가게 되는데, 이것이 바로 슬로우 뱅킹 이론이다. 움프쿠아 은행은 'sip, read, surf, shop bank'라는 캐치프레이즈를 내걸고 슬로우 뱅킹의 진수를 보여 준다. sip은 커피를 마실 수 있는 카페 같은 은행, read는 책을 볼 수 있는 도서관 같은 은행, surf는 인터넷 서핑을 할 수 있는 공간, 마지막 shop은 마을 주민들이 생산한 로컬푸드나 그 마을에서 생산한 공산품들을 은행에

04 콘텐츠란 무엇인가?

전시하여 판매하는 은행을 상징한다. 사람들이 은행에 와서 머물다가 직접 로컬푸드를 사 간다. 은행을 갤러리처럼 깨끗하고 아름답게 만들고, 마을 어린이들을 위한 동화구연을 하는 등 여러 가지 이벤트가 펼쳐지기 때문에 마을 주민들이 은행에 모이게 된다. 은행이 일종의 마을회관의 역할을 수행한다. 마을 주민들이 많이 모이면 적금이라도 하나 더 들고 대출이라도 하나 더 받게 되는 것은 자연스러운 결과다.

움프쿠아 은행은 2008년에 일하고 싶은 기업 13위가 되었고, 2000년에서 2008년까지 거의 8년 만에 약 10배 이상의 직원이 늘어나게 되었다. 지금은 홀딩컴퍼니로 운영을 하고 있는데, 움프쿠아 성공비결에서 알 수 있는 것은 자신이 하고 있는 일이 진정 무엇인지를 깨닫는 것이 중요하다는 것이다.

방송사에서 일한다는 것의 본질은 방송 콘텐츠를 만드는 것이 아닐 수 있다. 사람들의 마음을 대변해 주고 사람들의 마음을 담아내는 것, 이것이 방송을 만드는 사람들의 본질일 수 있다. 움프쿠아의 CEO 레이 데이비스(Ray Davis)가 이런 말을 했다. "내 머릿속에 떠오르는 하나의 영상에서 변화가 시작이 되었다. 그 영상은 처음에는 흐릿하게 보였지만, 한 가지 확실한 것은 우리가 우리 은행을 다른 은행과 확연히 차별화시키는 것이었다." 기획자들의 머릿속에는 이게 기획이 되겠다 싶으면 머릿속에 그림이 떠오른다. 그림이 있기 때문에 그 기획에 대한 확신을 가지고 스태프들을 설득하는 힘이 나오게 된다. 비

움프쿠아 은행은 동화구연 등 아이들을 위한 행사도 많이 기획한다.
자연스럽게 동네 사랑방 역할도 수행한다.

출처: https://thefinancialbrand.com/news/banking-branch-transformation/umpqua-
bank-evolves-branch-design-concept-16492/, http://lexdengroup.com/blog/
tag/umpqua-bank/

04 콘텐츠란 무엇인가?

전, 시각, 그림을 그린다고 하는 것이 기획에서도 중요한 과제다. 레이 데이비스는 직원들을 서비스로 유명한 공간에 보낼 때 오감을 이용해서 그것을 관찰하라고 지시를 하였다. 그리고 그들이 보고 느낀 것들을 가져와서 은행에 어떻게 적용할 수 있을지 상상해 보라고도 이야기했다. "은행이 커피 전문점이 될 수 있을까? 물론이다. 은행에서 춤을 출 수 있을까? 물론이다. 이 모든 것들이 가능한 공간, 이런 은행을 만들기로 한 것이다." 또한 그는 "열정이 없다면 이건 그저 직업일 뿐이다. 열정을 가지고 일을 할 때 그 일이 멋진 모험이 될 수 있다."고 이야기했다.

움프쿠아 은행에서는 디자인적으로도 뛰어난 매장을 디자인했다. 올해 최고 디자인으로 뽑히기도 했다. 움프쿠아의 성공비결을 요약하자면 금융 상품을 판 게 아니고 체험을 팔았다는 것이다. 또한 고객의 오감을 만족시켰다. 왠지 그곳에 가면 좋은 냄새가 나고 왠지 좋은 소리가 들리고 왠지 좋은 것들이 보이고 왠지 편안한 마음이 드는 것들이 움프쿠아의 성공 비결이라고 얘기할 수 있다.

내가 시애틀에 있는 움프쿠아 은행을 직접 방문했을 때 그 마을에 있는 공장에서 만든 페인트를 전시해 놓았던 것을 보았다. 그래서 기업과 지역사회가 어떻게 유기적으로 연관돼서 밀접하게 고착하는지 직접 확인했다. 이것은 콘텐츠 기획의 성과다. 거대 은행과의 경쟁에서도 결코 밀리지 않고 건재한 움프쿠아 은행이 요즘 학령인구가 줄어들고 있는 대학에도 주는 인사이트가 크다. 또 OTT와의 경쟁에서 힘겹게 고군분투하고 있는 지상파에게도 주는 인사이트가 적지 않다. 지금까지 콘텐츠의 정의 그리고 콘텐츠를 벤치마킹해서 발전시킨 사례들을 살펴봤다. 콘텐츠란 수신자와 발신자를 연결하는 내용이다. 움프쿠아 은행을 통해서 기획자가 하고 있는 일의 본질이 무엇인지 다시 한번 질문하고, 또 우리의 오감을 통해서 고객들에게 새로운 체험을 제공해 준다면 새로운 콘텐츠를 만들어 낼 수 있다.

참고문헌 _____

김병희, 김신동, 홍경수(2022). 보랏빛 섬이 온다. 서울: 학지사.
심상민(2002). 미디어는 콘텐츠다. 서울: 김영사.
콘텐츠비즈니스연구소(2000). 콘텐츠 비즈니스: 아는 만큼 돈이 보인다. 서울: 조선일보사.

Davis, R. , & Shrader, A. (2007). 움프쿠아처럼 체험을 팔아라!(*Leading for Growth*). 유영희 역. 서울: 파인트리.
GA (2013). PLOT 04. 西澤立衛: 建築プロセス. ADAエディタトーキョー.

05
**콘텐츠 분석,
어떻게 할까?**

    콘텐츠를 기획하기 위해서는 콘텐츠를 잘 분석해야 한다. 이번 강의에서는 콘텐츠를 분석하는 방법에 대해 알아보자. 콘텐츠 읽기에는 세 가지 단계가 필요하다. 첫 번째가 구성요소를 나열하는 것이다. 두 번째는 구성요소의 의미를 분석하는 것이고, 마지막으로 세 번째는 종합적인 신화를 분석하는 것이다. 이것들이 콘텐츠 읽기의 3단계다. 이러한 세 가지 단계를 거쳐서 분석하게 된다면 콘텐츠가 가지고 있는 의미나 특징, 신화들을 충분히 읽어 낼 수 있다. 그중에 첫 번째 단계, 구성요소의 나열에 대해서 알아보도록 하자.

기획은 나열이다

나열은 쭉 벌여 놓는 것을 의미한다. 가령 자전거가 있다고 한다면, 자전거를 분해해서 부품들을 쭉 늘어놓았을 때 자전거의 요소를 나열했다고 한다. 즉, 어떤 콘텐츠가 있다고 한다면 그 콘텐츠의 구성요소들을 분해해서 늘어놓는 것이 나열한다고 한다. 나열하는 것이 무슨 의미 있는 작업이기에 '기획은 나열이다'라고 주장하는 걸까. 이는 나열만 잘하면 새로운 콘텐츠를 기획할 수 있다는 뜻이다. 나열의 장점은 문제점을 명료하게 하고 포착하고, 또 문제점을 다시 설정하게 해 준다. 꽉막힌 문제가 있다고 한다면, 어쩌면 문제를 정확하게 파악하지 못했기 때문일 수도 있다. 따라서 그 요소들을 풀어서 늘어놓는 것만으로도 무엇이 문제였고, 우리가 어떤 걸 해결해야 하는지 파악할 수 있기 때문에 나열이 좋은 기획의 방법이라는 것이다. 나는 기획하는 사람들에게 항상 이렇게 이야기한다. '무조건 나열하라.' 예를 들어 보면, 물고기 잡는 그물은 조업을 마친 뒤 얽혀 있는 경우가 흔하다. 보통 할머니들이 그물을 풀어 내는 작업을 하는 경우가 많다.

마찬가지로 반짇고리함에 실타래가 엉켜 있는 경우도 많다. 이 실타래를 풀려면 어떤 사람은 가위로 자르면 된다고 한다. 물론 자르면 풀리겠지만 그 실은 다시 쓸 수가 없게 된다. 이 엉

05 콘텐츠 분석, 어떻게 할까?

얽히고설킨 그물과 엉킨 실타래
기획자가 풀어야 할 문제는 실마리를 찾음으로써 해결할 수 있다.

킨 실타래에 대한 금언과 같은 게 있는데, 엉킨 실타래는 절대로 당기지 않는다는 것이다. 엉킨 실타래는 술술 느슨하게, 힘을 주었다 뺐다 반복하며 풀어내야 한다. 어떻게 보면 실타래를 풀어야 하는 것, 이것도 일종의 실을 늘어뜨려 놓는 것, 나열하는 것이라고 은유적으로 설명할 수 있다. 따라서 엉킨 실타래를 풀기 위해서는 우리가 그 실의 맺힌 부분을 찾아내야 한다. 실이 시작하는 지점을 찾고, 맺힌 부분을 찾아서 슬근슬근 흔들면서 빈틈을 찾아서 느슨하게 하는 과정, 이것이 바로 일종의 실을 나열하는 과정과도 유사하다. 문제의 해결 지점을 실마리라고 하는데, 실의 머리라는 단어에서 파생했다는 어원학적 설명은 매우 흥미롭다.

오토바이를 보면 엔진이 있고 엔진에는 다양한 냉각핀들이 솟아 나와 있다. 공랭식 엔진인데, 공기와의 면적을 최대한 넓

공랭식 냉각핀은 공기와의 접촉면을 최대한 늘림으로써 엔진을 식힌다.
기획의 아이디어도 구성요소를 나열함으로써 발견할 수 있다.

혀서 엔진을 빨리 식게 하는 것이다. 이것도 엔진의 감싸는 부분을 넓게 하기 위해 핀을 최대한 나열했다고 볼 수 있다. 핀의 나열이 공기와 만나는 지점을 극대화했기 때문에 이 과정을 통해서 열이 날아가는 발열 과정이 촉진된다. 수달은 물고기를 잡으면 곧바로 먹지 않고 물고기들을 강둑에 늘어놓는다. 그래서 중국의 고전인『예기』「월령」편 정월(1월)에 입춘과 우수를 가리키는 표현이 나온다.

어상빙(魚上氷) 달제어(獺祭魚)
물고기가 얼음 위로 올라오니, 수달이 제사 지낸다.

봄이 오는 풍경을 설명하는 말인데, 수달이 물고기를 가지고

05 콘텐츠 분석, 어떻게 할까?

수달이 물고기 먹는 모습에서 인문학적 통찰을 발견한 선인들

제사를 지낸다는 것은 수달이 물고기를 잡은 뒤 곧바로 먹지 않고 물가에 늘어놓는 특성 때문이라고 한다. 수달이 물고기를 늘어놓는 것처럼 새로운 아이디어를 떠올리거나 문헌이나 자료들을 책상이나 기획자 주변에다 늘어뜨려 놓는 방법을 '제사 지내는 수달법'이라고 한다. 일본에선 이것을 닷사이 법이라고 부른다. 여담이긴 하지만, 닷사이는 일본의 야마구치현의 주조 장에서 만든 유명한 사케 이름이기도 하다. 쌀의 77%까지 깎아내고 나머지 23%로 만든 술이기 때문에 굉장히 깨끗한 맛이 난다고 한다.

기획을 할 때 자료들을 늘어놓는 것은 기획자와 자료와의 접촉면을 극대화하는 기획법이라고 할 수 있다. 늘어놓기가 중요한 이유는 인간은 외부로부터 끊임없이 자극을 받고 반응하는 존재이기 때문이다. 책장에 꽂힌 책이 우리를 자극하는 것과

닷사이는 쌀의 77%를 깎아내어 빚는다.
술 이름에서도 기획과의 접점을 찾을 수 있다.

마찬가지다. 한 실험 결과에 따르면, 어린이 방에 책을 꽂아 놓으면 꽂아 놓는 것 자체가 어린이의 학습 능력을 향상시킨다고 한다.

왜 철학자들은 걸으며 생각했을까?

따라서 늘어놓는 행위 자체도 우리 의식을 문득 자극한다. 나열하기, 늘어놓기, 흩뿌리기는 기획을 위한 필수적인 요소다. 기획자들에게 새로운 아이디어가 떠오르는 순간이 언제냐고 물어보면 대부분 다음과 같은 답이 뒤따른다. '걷다가 새로운 아이디어가 떠올랐다, 달리기를 하다가, 자전거를 타다가, 운전을 하는 도중에, 여행을 하는 도중에, 이동하다가 떠올랐다.' 이러한 행동들에는 공통점이 있다. 이것을 일종의 반자동적인(semi-autonomous) 행동이라고 볼 수 있다. 반자동적인 행동은 온전히 의식을 기울이지 않더라도 반복적으로 수행할 수 있는 행동이다. 걷는 행동도 마찬가지다. 오른발, 왼발을 내밀고, 움직이는 것에 대해서 일일이 간섭하지 않더라도 자동적으로 걷게 된다. 이처럼 의식과 무의식이 교차하는 문턱을 넘나드는 과정에서 새로운 아이디어가 피어오르게 된다. 아까 말했듯이 엔진이 공기와의 면적이 극대화될 때 빨리 발열 과정이 일어나는 것과 마찬가지로 의식과 무의식이 서로 다른 층위의 의식의 지형들을 넘나들면서 움직일 때 새로운 아이디어들이 튀어 오른다. 걷기는 굉장히 중요한 기획의 방법이다. 리베카 솔닛(Rebecca Solnit)이 쓴 『걷기의 인문학』에서 기획과 걷기와의 관계를 설명해 준다.

『걷기의 인문학』은 루소(Rousseau)에 대한 이야기로 시작한다. 루소는 보행의 전통이 수립되는 데에 필요한 이념틀을 마련한 사람이라고 평가를 받고 있다. 루소는 걷는 것을 자기 자신의 존재 방식으로 선택했다고 말한다. 루소

는 '걸음으로써 자기의 발화의 형식을 얻었다. 걷는 것을 통해
서 이야기하는 방식을 얻었다'라는 것이다. 또한 솔닛은 걸어
가는 사람이 바늘이고, 또 걸어가는 길이 실이라고 한다면 걷
는 일은 찢어진 공간을 꿰매는 바느질이라고 설명한다. 즉, 보
행은 찢어짐에 맞서는 저항이라고 설명한다. 걷는다는 것이 어
떻게 보면 낯선 두 가지를 연결해 주고 그 연결하는 사람은 바
로 바늘과 같다고 이야기한다. 그리고 그 사람이 걸어가는 길
이 실이라는 것이 흥미로운 은유이다. 아리스토텔레스학과 철
학자들을 소요학파라고 부르는데 '소요(逍遙)'는 '걷다' '거닐다'
라는 뜻이다. 영어의 peripatetic라는 단어이고, 걷기를 일삼는
사람, 또 멀리까지 걷는 사람을 가리킨다. 이 단어들은 사유가
보행과 얼마나 밀접하게 관련 있는지를 보여 준다. 주변 회랑
을 걷거나 길을 걸으면서 자기의 생각을 정리하고 정리한 생각
을 다시 체계화하는 작업이 소요학파의 주된 일이었다. 이러한
명칭은 걷기와 생각, 걷기와 창의적인 발상이 얼마나 밀접한
연관이 있는지 알려 주고 있다.

유럽에 있는 하이델베르크나 쾨니히스베르크 그리고 키르
케고르(Kierkegaard)가 살았던 코펜하겐에도 역시 철학자의 길
(philosophenweg)이 있다. 이것이 아리스토텔레스로부터 대대
로 이어 온, 걸으면서 생각하는 사유의 전통을 보여 주는 증거
다. 음유시인(吟遊詩人)은 고대 혹은 중세 유럽에서 시와 노래
를 짓는 이들을 일컫는 낱말이다. 활동한 지역, 시대, 신분 등

다양한 분류에 따라 트루바두르, 트루베르, 민네징어, 마이스터징어 등의 명칭으로 불리며 고대 그리스에서 음유시인들은 어디를 가나 환영을 받았고, 심지어 전쟁이 벌어지던 살벌한 상황에서도 자유롭게 각 도시국가들을 들락날락거리며 성대한 대접을 받았다. 이는 그리스인들이 음유시인들의 노래를 통한 영웅담을 듣기 좋아했기 때문이었다.

다만 그렇다고 모든 그리스인이 음유시인들을 좋아한 것만은 아니었으니, 철학자인 플라톤(Plato)은 "시인들은 생산적인 일은 전혀 안 하고 그저 사람들한테 허무맹랑한 공상이나 불러 일으키는 백해무익한 자들이니, 모두 도시국가 밖으로 쫓아내야 한다."라고 말할 만큼 음유시인들을 굉장히 싫어했다. 공상이나 상상력은 기존의 질서 이외의 대안을 상상하는 힘을 가진 것을 방증한다. 알타이의 유랑가수 카이치는 서사시를 낭송하는 이야기꾼으로 어릴 때부터 선발하여 엘리트 교육을 시키고 장르별로 다양한 관직을 주기까지 했다. 카이치(서사시), 초르촉치(민담과 전설), 마나스치(영웅 서사시) 등 장르에 따라 다른 이름이 붙었으며, 알타이어에서 '치'는 우리말 '벼슬아치'에서 보듯 일종의 직업인을 가리키는 말이다.

『걷기의 인문학』에는 인사이트 넘치는 말들이 풍부하다. 생각에 충실한 사람들은 대개 떠돌아다닌다는 것 역시 사람이나 터전에 충실하기 위해서는 한곳에 머물러야 하지만, 생각에 충실하기 위해서는 여기저기 떠돌아 다녀야 하지 않을까 싶다는 것을 드러낸다. 다가가기 위해 떠난다고 할까. 고대 스토아학파의 명칭 또한 아테네의 스토아, 즉 철학자들이 이야기를 나누면서 걸었다고 하는 색깔로 칠해진 열주 통로에서 왔다. 그후 오랫동안 걷는 일과 사색하는 일 사이의 연상이 널리 확산되었고, 이는 루소의 인간 불평등 기원론에서 알 수 있듯이 논리적 분석이 아니라 새로운 감성으로부터 분출되는 새로운 열광의 표현에 가깝다.

홀로 걷는 사람은 세상 속에 있으면서도 세상과 동떨어져 있다. 홀로 걷는 사람의 존재 방식은 노동자나 거주자나 한 집단 구성원의 유대감보다는 여행자의 무심함에 가깝다. 걷는 동안 루소는 사유와 몽상 속에 살며 자족할 수 있었고, 자기를 배반한 것 같은 세상을 이길 수 있었고, 그런 이유에서 걷는 것을 자신의 존재 방식으로 선택했다는 사실도 기록해 놓았다.『걷기의 인문학』, 꼭 읽어 보길 권한다.

데카르트는 왜 나열을 중시했나?

근대 철학의 아버지라고 할 수 있는 데카르트(Descartes) 역시 『방법서설 · 정신지도규칙』이라는 책에서 나열이 왜 중요한지 설명하고 있다. 데카르트는 우리가 사물에 대한 인식에 도달하는 방법이 두 가지가 있는데, 첫 번째는 경험이고 두 번째가 연역이라고 말한다. 경험은 우리의 주관적인 수용 때문에 오류에 빠질 수가 있지만, 논리나 추리에 의한 연역은 전혀 오류가 있을 수 없다는 것이다. 데카르트가 확실한 기초에서 학문체계를 구축하기 위해서 지켜야 할 방법상의 네 가지 규칙을 제시했는데, 첫 번째가 명징성의 규칙이다. 명료해야 한다는 것이다. 두 번째는 분할의 규칙으로

나눠야 한다는 것이고, 세 번째는 총합의 규칙으로 합해야 한다는 것이다. 마지막은 열거의 규칙이다. 어떠한 학문체계를 구축하기 위해서 필요한 방법 네 가지 중 분할과 열거는 두 가지를 차지하며, 분할과 열거는 나열과 밀접하게 관련이 있다. 분할은 문제 분석을 위해 가장 기초적인 단계로 하나의 대상을 구성하는 요소들을 나열하는 것이다. 여기서 나열이라는 말이 나온다. 마지막 규칙인 열거는 사물을 줄지어 늘어놓는 것을 의미한다. 아무것도 빠트리지 않았다고 확신할 정도로 완전한 열거는 모든 경우에 전체에 걸친 검토를 행하는 것을 의미한다.

　열거라는 방법은 사유 과학에서 MECE라는 방법과 밀접하게 연관되어 있다. 즉, 우리가 어떤 요소들을 충분하게 빠뜨림 없이 나열되어 있는지 확인하기 위해서 사용하는 방법이 범주화

다. 범주화할 때 꼭 적용해야 하는 체크리스트가 바로 MECE의 원칙이다. Mutually Exclusive, Collectively Exhaustive. 범주화할 때 요소들은 서로 겹쳐지면 안 되며, 빠진 것이 하나라도 있어서는 안 된다. 모든 요소가 상호 배타적이고, 그럼에도 불구하고 빠지는 것이 없이 모든 것을 다 포괄하는 MECE 방법은 열거 방법과도 밀접하게 연결되어 있다.

콘텐츠 분석을 관통하는 7단계

콘텐츠 분석의 여러 단계를 압축해서 나열, 의미 분석, 신화 분석이라고 압축했지만, 이를 더 자세하게 세분하면 선정과 분해와 분류, 스토리, 짝패, 의미, 신화로 나눌 수 있다.

콘텐츠 분석의 7단계와 구체적인 방법

단계	선정	분해	분류	스토리	짝패	의미	신화
방법	선택	속성 열거법, 나열	KJ법, MECE	존재물, 사건	이항, 대립	존재 이유	의미의 의미

선정은 어떤 소재를 선택했는지, 어떤 주제를 골랐는지를 확인하는 방법이다. 분해는 콘텐츠가 가지고 있는 속성을 쪼개서 나눠 보는 것이다. 이것을 보통 속성 열거법이라고 하는데, 어

떤 속성을 가지고 있는지 나열하는 방법이기도 하다. 이것은 어떻게 보면 나열에 해당한다. 다음으로 분류는 나열한 요소들을 범주화하는 것이다. 이것은 다음에 나오게 될 KJ법을 통해서 다시 한번 확인할 것이다. 앞서 설명한 MECE 방법이 바로 이 분류에 해당한다. 즉, 서로 상호 배타적으로 분류해야 하며, 전체 내용 중에 빠진 게 없이 분류해야 한다. 다음은 스토리 분석인데, 어떠한 존재물과 쌍이 되는 사건이 어떻게 에피소드를 이뤄 나가는지를 분석하는 방법이다. 짝패는 서로 쌍이 되는 두 가지를 골라내는 방법이다. 어떤 콘텐츠든 주인공과 악역이 있다. 그리고 주도하는 사람과 보조하는 사람, 남자와 여자, 큰 것과 작은 것, 이렇게 어떤 콘텐츠든 쌍이 되는 두 가지 요소가 있다. 레비 스트로스(Levi Strauss)는 인류학에서 두 가지의 짝이 되는 이념을 이항 대립 방법을 통해서 추출했다.

마지막으로 의미의 단계와 신화의 단계가 있다. 의미는 콘텐츠의 구성요소가 왜 존재하는지, 어떤 역할을 수행하는지 추출해 보는 것이다. 의미가 가지고 있는 또 다른 의미를 추출하는 것이 신화이다. 최근에 한국에서 인기를 얻고 있는 콘텐츠 중에 반려동물에 대한 콘텐츠가 있다. 〈개는 훌륭하다〉와 〈세상에 나쁜 개는 없다〉 프로그램을 보면서 어떤 신화가 담겨 있는지 생각해 볼 수 있다. 반려동물 프로그램이 인기를 끄는 이유는 무엇일까? 우리 사회의 어떠한 점을 반영하고 있고, 또 더 나은 프로그램으로 어떤 것이 등장할 것인가에 대한 문제를 이 신화 분석을 통해서 접근할 수 있다. 나는 개를 키우기 전에 이 프로그램을 일종의 자녀 교육에 대한 은유로 보았다. 그래서 '개를 키울 때 절도 있게 키워야 하고, 되는 것과 안 되는 것에 대한 구분을 명확하게 해야 하는 것이나, 주종의 관계나 부모와 자식 간의 관계를 명확히 하는 것들을 통해서 개를 키우는 것이 결국 자녀를 키우는 것과도 밀접한 연관이 있겠구나' 싶었다. 점점 자녀를 덜 낳는 분위기가 확산되고 있기에 반려동물이 현대인에게는 가족의 역할을 수행하고, 자녀 역할을 대신할 수도 있는 것이다. 이러한 콘텐츠 분석을 통해 확장된 가족의 개념은 물론, 가족을 대신할 만한 것은 무엇인지 고민하며 새로운 프로그램으로는 어떤 것이 등장할 수 있을지 더 생각해 볼 수 있다.

모든 콘텐츠에는 신화가 압축되어 있다

집에 모나미 볼펜이 있는가. 모나미 볼펜을 보고 이것을 분석해 보자. 구성요소를 나열하고 의미를 분석하며 장단점은 무엇인지 찾아보는 것이다. 이 점을 개선하면 더 나은 볼펜이 만들어질 것이다. 모나미 볼펜을 분해해 보면 스프링이 나오고, 심이 나오고, 잉크가 나오고, 구슬이 나오고, 입구 쪽에 있는 돌릴 수 있는 플라스틱이 나온다. 또 누를 수 있는 모자 같은 캡도 나온다. 분해한 다음에는 도대체 여기에는 왜 흰색이 사용됐고, 왜 이 글자체가 사용되었고, 이 153 숫자는 무엇인지 등 요소들의 의미들을 파악해 본다면 모나미 볼펜을 더 잘 이해할 수 있다. 각각의 요소가 가지고 있는 기능과 역할은 무엇이며, 요소들은 어떻게 연결되어 있고, 요소들의 장단점은 무엇인지도 함께 볼 수 있다.

이러한 의미 분석이 끝나면 마지막 단계는 신화 분석이다. 신화란 신들의 이야기가 아니고 만들어진 믿음이라고 할 수 있다. 아니면 의미의 의미라는 뜻에서 메타 의미라고 말할 수도 있다. 모든 콘텐츠에는 신화가 들어 있다. 뉴스에는 우리 사회에서 일어나는 일을 모두 다 파악하고 있다는 신화가 들어 있다. 뉴스만 보면 우리 사회 곳곳을 빠짐없이 감시하듯이 볼 수 있다는 신화가 들어 있다고 할 수 있다. 객관주의 신화도 있다. '뉴스에서 말하는 것은 다 객관적이며 그러기에 진실되다'라는 신화가 계속 만들어지고 있다. 이것을 강조하기 위해서 기자들이 현장에 나가서 취재를 한다. 현장에 있으면 팩트에 가장 가까이 있다는 믿음을 계속 만들어 준다. 다큐멘터리도 마찬가지다. 다큐멘터리도 이것이 정말 진실되고 객관적인 자료라고 하는 것을 끊임없이 강조하기 위해서 전문가들을 인터뷰하고, 믿을 수 있는 자료들을 인용하는 형식들을 취하는 경우가 많다. 이것을 신화라고 할 수 있는데, 구조주의 언어학자 소쉬르(Saussure)가 기표와 기의, 기호와의 관계를 다음과 같이 설명했다.

1차 의미와 2차 의미의 발생 구조
신화는 2차 의미화 과정에서 생겨난다.

또 다른 기호	기호('개'라는 글자와 뜻) =기표	기표('개' 글자, 발음)
		기의('개' 뜻)
	기의(충성, 신뢰)	

　'개'라는 기호를 예로 들면, 우리의 귀에 들리는 소리, 눈에 보이는 글자를 기표라고 한다. '개'라는 말을 들을 때, 우리 머릿속에 떠오르는 이미지가 있을 것이다. 이것을 기의라고 할 수 있다. 이 2개가 합쳐져서 기호를 만들게 된다(1차 기호화 과정). '개'라는 글자와 '개'라는 뜻이 합쳐진 것이 기호이고, 이 기호가 다시 기표로 변한다. 이 기표에는 또 기의가 달라붙는다. 예를 들면, "그 사람은 충견 같아."라는 말은 '그 사람은 개처럼 충실해'라는 뜻이다. 우리가 알고 있던 그 '개'가 아니고 '개'에 붙어 있는 또 다른 의미가 다시 붙는 것이다. 그래서 기표와 기의가 합쳐져서 또 다른 기호가 만들어지는데, 두 번째 단계에서 만들어지는 게 신화다(2차 기호화 과정). 충성이나 신뢰를 신화라고 할 수 있다. 이것은 사과에도 똑같이 적용된다.

거의 모든 신화는 2중의 의미화 과정을 거친다.

또 다른 기호	기호('사과'라는 글자와 뜻) =기표	기표('사과' 글자, 발음)
		기의('사과' 뜻)
	기의(해방, 민주주의, 과학기술)	

'사과'라는 글자 그리고 '사과'라는 말을 들었을 때 우리 머릿속에 붉은 과일이 떠오른다. 그러나 그것들이 또 하나의 기표가 되면서 매킨토시의 '사과', 윌리엄 텔의 '사과', 아담의 '사과' 등이 해방이나 민주주의나 과학기술을 보여 주는 또 다른 의미를 만들어 내고, 이것들이 바로 신화라고 할 수 있다. 따라서 모나미 볼펜의 신화를 분석한다면 모나미 볼펜은 단지 문방구가 아니고 한국의 근대화를 함께한 소울메이트라고 할 수 있다. 또한 국산품 애용이라는 신화를 가지고 있으며 근검절약의 시대정신을 담고 있는 문방구라고 할 수 있다. 이렇게 볼펜 하나를 가지고도 거기에 담겨 있는 신화와 의미들을 분석할 수 있다. 신화에 대해 가장 대표적으로 소개되는 사례가 바로 말보로 광고다.

말보로는 원래 여성을 위한 담배로 팔렸다. 이것을 정반대인 남성성을 강조하기 위해 카우보이를 등장시킨 광고를 만들었다. 이 광고는 말보로가 남성들로부터 큰 사랑을 받게 된 계기가 되었다. 이 광고 안에는 'masculinity', 남성성이라는 신화가 담겨 있다. 이 담배를 피우면 왠지 자연에 가 있는 느낌 그

남성스러움을 극대화한 담배광고
남성 소비자에게 호소력을 발휘했다.

판자니 식품광고 사진에도
다양한 의미요소가 담겨 있다.

리고 카우보이가 되어서 이 목장과 동물들을 지배하는 마초스러운 그 느낌을 이데올로기로 담아냈다. 이것이 바로 남성성의 신화다.

또 하나의 신화를 설명하는 광고가 판자니 광고다. 판자니는 파스타와 여러 가지 크림소스를 판매하는 식료품 회사다. 이 광고를 보면 대량생산된 식료품이 시장에서 곧바로 사 온 야채들과 같이 있다. 보기에는 그냥 제품 광고이지만 그 안에는 '야채처럼 신선함을 주는 재료로 만들었다' 그리고 '인스턴트지만 집에서 직접 만든 핸드메이드의 느낌이 나는 제품이다'라는 신화가 담겨 있다. 또한 이탈리아의 국기 색깔인 녹색과 붉은 색이 들어 있어 오리지널 이탈리아 음식이라는 것도 암시한다. 마지막으로 서양미술의 정물화처럼 식료품을 세워 놓고 사진을 찍었기 때문에 '이 음식이 인스턴트 음식이기는 하지만 예술의 경지에 닿아 있다'는 신화도 만들고 있다. 거의 모든 콘텐츠에는 신화가 담겨 있다. 신화를 분해하고 나열하고, 그래서 그 의미를 읽어 낼 때 왜 콘텐츠가 사람들에게 사랑을 받고 있으며, 앞으로 더 좋은 콘텐츠가 되기 위해서는 어떤 점을 개선하면 좋을지 알게 해 주는 것이 콘텐츠 분석의 장점이다.

KBS를 예로 들면, KBS 콘텐츠에는 어떤 의미와 어떤 신화가 담겨 있을까. 우리 사회를 지켜야 되는 최후의 보루로서의 완고함이 있다. 그리고 좋은 퀄리티를 만들어야 한다는 책임감. 일종의 장남이나 장녀에게 찾아볼 수 있는 책임감이 분명히 있을 것이다. 또 글로벌하게 한국을 대표하는 한국의 정체성과 문화를 가장 잘 보존하고 반영해야 되는 의무와 책임감도 분명히 있을 것이다. 반면에 KBS 콘텐츠에는 약간 변화하지 않는 것 같은 느낌, 항상 옛날 그대로의 모습을 유지하는 신화도 분명히 있을 것이다. 이렇게 KBS 콘텐츠를 잘 분석해 보면, 거기에 있는 그 의미와 신화들을 알 수 있다. 이것을 통해서 앞으로 우리가 어떻게 나아가야 하는지에 대한 방향성도 새로 찾아낼 수 있다.

참고문헌

대성(2014). 예기(禮記). 도민재 역. 서울: 지식을만드는지식.

원용진(2021). 텔레비전 비평론. 경기: 한울.

Barthes, R. (1995). 신화론(*Mythologies*). 정현 역. 서울: 현대미학사.

Descartes, R. (2019). 방법서설 · 정신지도규칙(*Discours de La Méthode · Regulae ad Directionem Ingenii*). 이현복 역. 서울: 문예출판사.

Saussure, F. (2022). 일반언어학 강의(*Cours de Linguistique Générale*). 김현권 역. 서울: 그린비.

Solnit, R. (2017). 걷기의 인문학(*Wanderlust: A History of Walking*). 김정아 역. 서울: 반비.

05 콘텐츠 분석, 어떻게 할까?

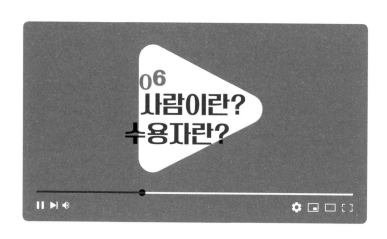

06
사람이란?
수용자란?

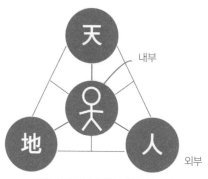

기획자 자신의 내부를 탐험하고,
천지인 외부를 탐험하며, 기획은 완성된다.

이 강의에서는 천지인 기법 중에 세 번째 단계인 '인', 즉 수용자에 대해 알아보자. 하늘과 땅과 사람이 삼각형으로 배치되어 있다고 형상화하면 가운데 있는 것이 기획자다. 가운데에 있는 기획자가 천, 즉 하늘과 연결이 되어 있어서, 트렌드를 통해서 기획할 수 있는 방법이 첫 번째 트렌드였다. 두 번째 지, 즉 땅은 프로덕트, 콘텐츠다. 이미 만들어져 있는 콘텐츠나 프로덕트를 통해서 새로운 콘텐츠를 기획하는 방법이 있다. 마지막 단계가 사람, 사람들의 마음을 읽거나 생각을 듣는 것, 어떻게 보면 가장 어려운 단계가 사람의 마음, 수용자의 마음을 읽는 것이다. 이것들을 전체적으로 구성한다면 천지인을 통해서 기획자가 기획을 하는 구조를 파악할 수 있다.

천지인의 한가운데 있는 기획자가 자기 자신의 기억과 경험, 지식을 통해서 기획하는 방법이 앞서 살펴본 내부탐험이라고 한다면, 천지인 기법은 어떻게 보면 외부탐험이라고 할 수 있다. 기획자의 바깥에 있는 트렌드와 프로덕트 그리고 사람의 마음을 읽는 것이기에 외부탐험이다. 기획은 내부탐험과 외부탐험이 합쳐져서 만들어지는 결과물이라고 설명할 수 있다. 한자 '하늘 천(天)'은 사람 머리 위에 천장과 같은 것이 있는 형상이다. 사람의 머리 위를 둘러싼 환경이 트렌드라고 할 수 있다. 두 번째, 지(地)는 흙 토(土)와 전갈의 모습(也)으로 전갈처럼 평평하게 펼쳐진 평평한 흙을 이야기한다. 마지막으로 사람 인(人) 한자는 허리를 굽힌 사람의 모습이다. 사람의 얼굴이나 정면이 보이지 않기 때문에 사람의 마음을 파악하는 것이 가장 어렵다는 것을 한자의 형상이 말해 주고 있다.

사람의 마음을 읽기 위해서 마케팅이나 광고에서 여러 가지

06 사람이란? 수용자란?

방법을 적용하고 있는데, 서베이(survey)라고 하는 설문조사 방법과 인터뷰(interview)가 대표적이다. 서베이는 사람들에게 설문조사 문항을 제시하고 그 문항에 대해서 의견 표시를 하게 하는 방법으로, 많은 데이터를 얻을 수 있는 양적인 접근법이다. 반면 인터뷰는 서베이와는 달리 '사람들을 직접 만나서, 본다'라는 뜻의 'inter+view'라는 단어가 합쳐진 단어다. 질문자와 답변자가 한 공간에서 서로 마주 보면서 질의응답을 하는 과정을 통해서 이 사람이 어떻게 생각을 하는지 파악하는 접근법이다. 인터뷰라는 외래어 단어를 해체하여 풀이한다면, '인'을 '사람 인'으로 해석하고, '터'는 '터전' 또는 '공간'으로 볼 수 있으며, '뷰'는 '바라보다'로 풀어낼 수 있다. 즉, 사람들이 한 터전에서 직접 바라보며 이야기를 나누는 것을 인터뷰라고 해석할 수 있다.

콘텐츠를 만드는 가장 기초적 방법, 인터뷰

인터뷰는 미디어가 가장 사랑하는 콘텐츠 제작 방법이다. 우리가 보고 있는 뉴스는 인터뷰가 없으면 만들어 낼 수 없다. 다큐멘터리 역시 마찬가지다. 각종 전문가들의 전문적인 증언이나 자문이 없다면 다큐멘터리의 상당수는 만들어지기 어렵다. 또 예능 프로그램의 토크쇼나 엔터테인먼트 프로그램에서 두 사람이 서로 질문을 던지고 답을 하는 인터뷰 과정이 없으면 콘텐츠를 구성하기 어려운 것도 사실이다. 심지어 드라마는 픽션이기는 하지만 질문과 답변으로 구성된 대화가 서사에서 차지하는 비중이 무척 크다. 'Vox Populi'라는 포맷은 '민중의 목소리'를 뜻하는데, 뉴스에서 일반 시민의 반응을 따오는 것을 말한다. 물론 샘플이지만 사람들의 생각을 대변하는 차원에서 의미 있는 콘텐츠 제작 방법이다.

인터뷰에는 심층 인터뷰와 포커스 그룹 인터뷰(FGI) 등이 있다. 심층 인터뷰는 정보 취득이 목적이 아니다. 인터뷰의 중요한 목적은 경험의 의미를 파악하는 것이다. 예를 들어, "오늘 아침 식사는 했습니까?"라고 물었을 때 이에 대한 답은 "먹었습니다." "~를 먹었습니다." 이 정도다. 아침을 먹었는데 기분 좋게 먹었는지 아니면 억지로 먹었는지 아니면 불행하게 먹었는지에 대한 것은 서베이를 통해서 나오지 않는다. 심층 인터뷰를 하는 이유는 이 사람이 무엇을 했다, 안 했다가 중요한 게 아니고 그것을 하면서 경험을 어떻게 받아들였는지, 경험의 의미를 파악하는 것이다. 결국 심층 인터뷰는 단순히 정보를 얻기 위한 것이 아니라, 답변자가 어떻게 경험하고 받아들였는지를 확인하는 작업이며, 맥락을 파악하고 경험의 의미를 추출하기 위해 연구자들이 즐겨 사용하는 기법이다.

FGI는 유사한 타깃 오디언스들을 모아서 인터뷰이들의 상호 작용도 함께 관찰할 수 있는 것이 특징이다. 다만, 목소리 큰 사람들이 있다면 소수 의견이 묻힐 가능성도 있다. 같은 사람의 마음을 이해하기 위해서 서베이, FGI, 심층 인터뷰라는 방법들을 동시에 선택한다면 얻게 되는 결과물도 다를 수밖에 없다. 경험의 의미가 누락된 데이터는 생각보다 가치가 적을 수 있다. 그래서 인터뷰는 굉장히 중요한 접근법이다.

예를 들어, 경북 안동의 한 마을의 재생을 위해서 활동가들이 벽화를 그리려고 하자 주민들이 반대했다. "우린 이런 거 필요 없다." "왜 마을을 이렇게 이상하게 만들려고 하는 거냐." 그런데 더 많은 사람과 이야기를 나눠 보니 그림을 그리는 것을 찬성하는 의견도 있었다. 자녀들이 왔을 때 엄마, 아빠의 모습을 본다면 마음이 기쁠 것 같다고 하는 인터뷰 결과의 내용을 포착했다. 그 결과를 통해서 대문에 주인 할머니, 할아버지 얼굴을 그림으로 그렸다. 그러자 어떤 일이 일어났을까? 처음에 반대를 하던 주민들이 자신의 집에 그림을 그려 달라며 대문을 깨끗하게 청소하고 기다리는 경우까지 생겼다. 이것은 서베이를 통해서는 발견하기 쉽지 않은 사람들의 마음이다. 서베이 조사에 의존했다면, '주민들의 88%가 자기 자신의 얼굴을 대문에 그림으로 그리는 것을 반대한다'와 같은 결과가 나왔을 것이다. '나도 이 마을에 공동체 구성원으로서 자부심을 가지고 자녀들에게도 이야깃거리가 되고, 더 내 삶이 의미가 있을 것 같다'는 답변이 12%라고 한다면, 적은 비율이어서 무시되기 십상이었을 것이다. 따라서 콘텐츠를 기획하고자 할 때 꼭 인터뷰를 활용해야 한다. 빅데이터나 서베이를 통해서 포착되지 못한 사람들의 요구와 욕구와 욕망에 대해서 밀접하게 파악하는 것이 절대적으로 필요하다. 그 과정에서 인터뷰라는 방법은 매우 중요하다.

인터뷰에서 빠트리기 쉬운 것

인터뷰 진행단계는 다음의 7단계로 정리할 수 있다. ① 인터뷰가 필요한지, 필요하지 않은지를 검토하는 단계다. ② 인터뷰가 필요하다는 확신이 든다면 인터뷰 대상을 누구로 할 것인지 선정해야 한다. ③ 섭외와 자료조사를 함께 진행해야 한다. ④ 인터뷰를 실시하는 단계다. ⑤ 인터뷰를 실시하는 도중에 소감을 기록해야 한다. 인터뷰가 끝난 다음에도 소감을 기록하는 것은 중요하다. ⑥ 콘텐츠로 완성하는 단계이고, 마지막으로 ⑦ 인터뷰이에게 고지하는 단계다. 이 마지막 단계는 제일 중요하지만 망각하기 쉬운 단계다. 방송을 만드는 사람으로서 매주 새로운 인터뷰를 해야 하기 때문에 방송이 나간 다음에는 인터뷰이에게 연락을 하지 않는 경우가 많다. 인터뷰이 입장에서는 자기에게 인생에서 딱 한 번의 기회일 수도 있고, 인터뷰를 종종 하는 공인이라 하더라도 자기가 했던 인터뷰가 어떤 반응을 받았는지 어떤 결과가 나왔는지 궁금하다. 그런데 이런 과정을 누락하게 되면 인터뷰이 입장에서는 마음이 상하게 된다. 다음에 인터뷰 섭외를 요청했을 때, 결코 쉽지 않을 가능성도 커진다. 그래서 마지막 단계인 인터뷰가 방송으로 나가는 일정 고지와 감사인사를 전하는 것 그리고 가능하다면 방송된 후에 나온 반응까지 전달한다면 금상첨화다.

여러 단계 중 다섯 번째 단계, 즉 소감 기록 역시 아무리 강조해도 지나치지 않는다. 인터뷰는 인터뷰이의 지식과 경험을 묻고 들어보는 과정이다. 어떻게 보면 내 콘텐츠가 아니고, 인터뷰이의 콘텐츠가 될 가능성이 크다. 그러나 여기에 내가 어떤 느낌을 받았는지, 어떤 생각이 들었는지를 추가하게 되면 그때는 내가 가공한 콘텐츠로 바뀔 수 있다. 내가 이렇게 받아들였고, 이렇게 생각했기 때문에, 나의 해석이 들어간 콘텐츠가 될 수 있는 것이다. 따라서 인터뷰 단계에서 소감을 기록하는 것과 인터뷰이에게 고지하는 것, 이 두 가지가 의외로 중요하고 우리가 망각하기 쉬운 단계임을 꼭 기억해야 한다.

좋은 인터뷰를 할 수 있는 여덟 가지 방법

인터뷰를 잘하는 법은 어렵다. 방송사에 일하는 사람들도 인터뷰하는 법에 대해서 제대로 배울 기회가 많지 않기 때문이다. 하지만 자료 조사를 하거나 섭외를 하는 데 있어서 인터뷰의 중요성은 말할 나위 없다. 훌륭한 선배를 만났다면 배울 수 있지만, 선배들 역시 인터뷰 방법을 체계적으로 배울 기회는 만나지 못했을 것이다.

인터뷰를 잘할 수 있는 방법을 여덟 가지로 정리해 보았다. ① 인터뷰 대상에 대한 충분한 조사와 이해가 필요하다. 좋은 질문은 인터뷰이에 대해서 잘 알고 맥락에서 대해서 잘 알아야 나올 수 있다. ② 아이컨택을 잘하고 잘 듣는 인터뷰어다. 인터뷰어는 질문을 해야 하기 때문에 다음 질문을 생각하느라 잘 못 듣는 경우가 많다. 정작 질문한 뒤에 다음 질문을 보느라고 의사소통을 제대로 못하는 경우가 흔하다. 인터뷰이의 입장에서는 신이 안 나고, 제대로 이야기하고 싶은 욕구가 생기지 않을 수 있다. 따라서 인터뷰이의 눈을 보면서 계속 잘 듣고 있다는 신호를 보내야 한다. 몸을 앞으로 기울이고, 귀를 쫑긋 세우고, 그리고 아이컨택을 유지하는 것이 굉장히 중요하다. ③ 심지 굳은 인터뷰어가 되는 것이다. 인터뷰를 하다 보면 인터뷰이가 원하는 것이 있다. 가령 음반을 출시해서 홍보가 필요한 스타가 나오면 인터뷰어가 듣고 싶은 이야기는 그 사람의 인생이나 최근 소식인데, 정작 이 스타는 인터뷰의 대부분을 홍보 목적에 매달리는 경우가 흔하다. 이러한 경우에는 인터뷰이에 휘말려 가기보다 내가 왜 인터뷰를 하는지, 인터뷰의 목적이 무엇인지를 항상 떠올리고 심지 굵게 주관을 가지는 것이 필요하다. ④ 또 다시 기록에 대한 것이다. 기록은 매우 중요하다.

인터뷰를 하고 난 다음에 기억이 전혀 안 남는 경우가 있기 때문이다. 필기해야 하고, 녹음해야 하고, 녹화해야 한다. 그래서 인터뷰 과정은 온전히 기록으로 남겨야 한다. ⑤ 말을 기다리는 것이다. 방송에서 진행자가 일반인과 인터뷰할 경우에 일반인이 대답을 안 할 때 MC들이 질문을 생략하고 넘어가거나 자문자답하는 경우가 있는데 굉장히 좋지 않은 방법이다. 기다려주면 질문을 받은 사람이 어떤 방식으로든 대답하게 되어 있다. 짧은 신음, '쩝' 하는 소리, 아니면 소리를 안 내는 묵음 자체가 일종의 메시지가 된다. 그래서 인터뷰할 때 말을 기다리는 인터뷰어가 되는 것이 중요하다. 침묵의 순간을 절대 채우려고 하지 마라. ⑥ 찔러 보는 인터뷰다. 인터뷰는 단지 받아쓰기가 아니고 인터뷰어와 인터뷰이 사이의 화학적인 상호작용의 과정이다. 따라서 인터뷰어의 이야기를 듣다가 또 의외의 빈틈이나 허가 보이면 그것도 찔러 보고 확인해 보는 과정이 필요하다. ⑦ 비언어적 커뮤니케이션(nonverbal communication)을 읽는 것의 중요성이다. 'nonverbal'은 말로 되지 않는 커뮤니케이션, 표정, 제스처, 목소리 등을 가리킨다. ⑧ 라포르(rapport)를 획득하는 것이다. 라포르는 심리학이나 정신과에서 호의나 상호 신뢰 관계를 말한다.

방송을 만드는 것도 역시 그렇다. 연출자와 출연자들 사이에 말은 않지만, 서로에 대한 믿음과 신뢰의 결과 때문에 출연을 하고 믿기 때문에 편집을 맡기는 것이고 이러한 믿음이 계속 이어질 때 우호적인 관계가 형성이 된다. 어떻게 보면 연출을 잘하는 PD는 출연자와 라포르를 잘 형성하는 사람일지도 모른다. 인터뷰에서도 라포르가 형성되지 않으면 마음속 이야기를 들을 수 없다. 우리가 궁금해하는 것은 그 사람의 속마음이기 때문에 그것을 알기 위해서는 라포르를 형성하는 데에 최선을 기울여야 한다.

친숙한 교감에서 공유하는 세 가지가 있는데, 첫째는 상호 관심이다. 둘째는 긍정주의, 셋째는 조화다. 상호 관심이란 다른 사람이 말하고 있는 것에 대해서 집중하고, 서로 관심을 가지고 있는 관계다. 긍정주의란 서로에 대해서 친절하고, 행복해하고 배려해 준다는 생각을 갖는 것이다. 마지막으로 조화는 그 사람과 공통된 이해를 공유할 수 있도록 서로에게 동기화되어 있다고 느끼게 되고, 친근하게 이야기하다 보면 목소리 톤이나 얼굴 표정이 비슷해지거나 조정된다. 함께 동기화(synchronization)

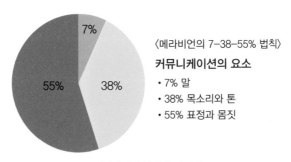

〈메라비언의 7-38-55% 법칙〉
커뮤니케이션의 요소
• 7% 말
• 38% 목소리와 톤
• 55% 표정과 몸짓

메라비언의 법칙에 따르면,
표정과 몸짓과 같은 보디랭귀지는 말의 내용보다 8배나 더 중요하다.

되는 것도 조화의 증거가 된다. 메라비언(Mehrabian)의 법칙은 커뮤니케이션에서 중요한 여러 가지 요소가 말 7%, 목소리와 톤 38%, 표정과 몸짓 55%의 비중을 차지한다고 알려 준다.

여기서 말의 내용은 겨우 7%뿐이다. 사랑한다는 말을 했을 때, 말의 내용보다는 어떤 목소리 톤과 어떤 표정과 몸짓으로 전달하느냐가 훨씬 더 중요하다는 것이다. 컨설팅 전문가 집단인 맥킨지(McKinsey)가 일하는 방식은 3개월간 조직의 전문가를 심층 인터뷰하여 컨설팅하는 것이다. 한 분야의 1등부터 5등까지 심층 인터뷰하면 조직의 문제와 해결책이 나온다는 것이 맥킨지 방식이다. 사람들은 발각되기를 기다리는 가벼운 비밀을 품고 있다. 공적인 얼굴과 무덤까지 안고 갈 내밀한 의식 사이의 중간지대로, 스스로 나서서 헤쳐 열어 보지는 못할 이야기들을 적당한 때와 장소를 선정해 적당한 손길을 내밀어 보따리를 스르륵 열리게 만드는 역할을 인터뷰가 하는 것이다 (지승호, 2016).

말로만 진행되는 인터뷰가 다소 부자연스럽거나 말문이 막힐 때 사용하면 편리한 팁은 없을까. 그때 사용하면 좋은 인터뷰 비법 세 가지는 ① 당신이 가장 소중하게 생각하는 물건을 보여 주세요, ② 상황을 그려 주세요, ③ 시각화(visualization) 해 주세요다. 직접 보여 달라고 하거나, 그림으로 그려 달라고 하면 새로운 차원의 답변이 가능해진다.

5Why라는 방법도 추천할 만하다. 다섯 번 계속해서 '왜'냐고

묻는 방식이다. 만약 서울로 이주한 사람들을 인터뷰한다면, "왜 상경을 하셨나요?"라고 물었을 때 "부모님이 다 돌아가시고 새로운 일을 찾아보려고 서울에 왔습니다."라고 할 수 있다. 그 다음 질문으로 "왜 새로운 일을 찾으려고 했나요?"를 물었을 때 "새로운 일을 찾으면 제 인생이 바뀔 것 같아 그런 것이죠."라 고 답하면 또 why를 붙이는 것이다. "왜 인생을 바꾸려고 했나 요?"라는 질문에 "저는 제가 너무 싫고, 새롭게 태어나고 싶었 거든요."라는 답변이 오면 계속 why를 붙여 가는 방법이다.

독일의 유명한 사진작가인 호르스트 바커바르트(Horst Wackerbarth)는 '붉은 소파(red couch) 프로젝트'를 했다. 이 작 가는 인터뷰를 위해서 전 세계를 떠돌면서 붉은 소파를 가지고

06 사람이란? 수용자란?

다니며 전 세계인들을 만나서 똑같은 질문을 계속 반복했다. '인생이란 뭐라고 생각하느냐' '당신이 가장 행복했던 때는 언제인지' '가장 슬플 때는 언제였는지' 각각 시간과 장소와 인물은 달라지지만, 질문 내용과 오브제인 붉은 소파는 항상 똑같았다. 붉은 소파와 같은 질문으로 이어지는 재밌는 인터뷰 콘텐츠다. 인터뷰는 콘텐츠의 가장 중요한 근본적인 방법이기도하고, 앞으로 한국의 방송 콘텐츠가 더 발전될 수 있는 좋은 방법이다. 인터뷰어와 인터뷰이 사이에 치열한 반응을 가져오는 화학 반응이 방송을 통해서 더 많이 보이면 좋을 것 같다.

인터뷰 질문에는 어떻게 답할까?

'어떻게 인터뷰 대답을 할까?'에 대해서도 알아보자. ① 인터뷰 질문을 던지는 것과 마찬가지로 답변하는 사람도 질문하는 사람과 눈을 마주치는 게 중요하다. 채널 A에서 〈아이컨택〉이라는 프로그램이 만들어졌다. 부자간, 친구 간에 나와서 아무말도 하지 않고 그냥 계속 쳐다보는 프로그램이다. 한국 사람들은 눈이 마주치는 상황을 불편해하는 경우가 적지 않다. 질문자의 눈을 뚫어져라 쳐다보는 것이 눈을 피하는 것보다 훨씬 좋은 결과를 가져온다. ② 답을 할 때는 핵심을 먼저 이야기하는 게 좋다. 보통 육하원칙을 통해서 이야기하려고 하기 쉽다.

그렇게 하기보다는 먼저 핵심을 이야기하고, 그다음에 보완 설명을 하는 것이 좋다. ③ 질문을 받으면 그 질문을 반복하는 것도 좋은 라포르 형성 방법이다. 인터뷰어가 "창의적인 아이디어의 보고는 무엇이죠?"라고 묻는다면, "어디서 아이디어를 얻느냐는 질문이시죠?"와 같이 반복해서 말하는 것이다. 일종의 'paraphrase'라고 할 수 있는데, 질문을 반복하는 것만으로도 인터뷰어에게 호감 있다는 강력한 신호를 보내는 효과가 있다. ④ 은유를 사용하라. '정치를 바꿉시다' '새로운 정치를 합시다'라고 말하기보다는, '고기 불판도 50년 썼으면 버려야 한다' '새로운 고기는 새로운 불판에다가 구워야 한다'와 같이 이야기하는 것이 은유다. ⑤ 있는 그대로 이야기하라. 있는 그대로 얘기하기는 결코 쉽지 않다. 모든 사람은 자기가 가지고 있는 것을 숨기고 싶어 하는 욕망이 있기 때문이다. 하지만 솔직하게 답하려는 원칙을 세우고 진술한 답을 한다면 매력적인 대답이 나올 수 있다. 지금도 생각나는 멋진 대답이 있다. 〈이소라의 프로포즈〉에 출연한 이영애에게 이소라가 물었다. "산소 같은 피부의 비결은?" 이영애는 "피부 관리실."이라고 대답했고, 관객들은 환호했다. 연예인에게 피부는 생명과도 같아서 피부 관리를 받지 않을 리가 없는 것이 상식인데, 그동안 연예인들의 대답은 '잠을 많이 자요' '물을 많이 마셔요' 등과 같이 식상하게 대답해 왔다. 다음으로 ⑥ 질문하는 것도 좋다. 질문을 계속 받다가 반대로 질문을 던지는 것도 좋은 방법이다. ⑦ 제스처를 쓰거

06 사람이란? 수용자란?

나 속담을 쓰거나 비교하면서 눈에 보이게 설명하는 것도 좋다. 만약에 "땅이 얼마나 넓은가요?"라고 질문했을 때, "22.3제곱킬로미터입니다."라고 말기하기보다는 "여의도 면적의 2배입니다."라고 대답하는 것이 좋다. 마지막으로 ⑧ '왜냐하면'의 마법을 사용하라. 대수롭지 않아 보이지만, '왜'라는 질문에 '왜냐하면'이라는 단어로 답변을 시작하면 훨씬 더 설득력이 높아진다. "왜 사나요?"라고 질문하면, "왜냐하면 저는 살 만한 가치가 있거든요."이라고 답해 보라. "저는 살 만한 가치가 있거든요."보다 훨씬 더 설득력 있게 들리지 않은가?

> 이 우주에서 우리에겐 두 가지 선물이 주어진다. 사랑하는 능력과 질문하는 능력. 그 두 가지 선물은 우리를 따뜻하게 해 주는 불인 동시에 우리를 태우는 불이기도 하다. 지금 이 순간은 아니지만 곧 우리는 새끼 양이고 나뭇잎이고 별이고 신비하게 반짝이는 연못물이다.
>
> —메리 올리버(Mary Oliver) 『휘파람 부는 사람』

참고문헌

지승호(2016). 마음을 움직이는 인터뷰 특강. 서울: 오픈하우스.

Oliver, M. (2015). 휘파람 부는 사람(Winter Hours). 민승남 역. 서울: 마음산책.

Seidman, I. (2009). 질적 연구 방법으로서의 면담(Interviewing as

Qualitative Research). 박혜준, 이승연 역. 서울: 학지사.

Wackerbarth, H. (2010). 붉은 소파: 세상에 말을 건네다(*Die Rote Couch: Eine Galerie der Menschheit*). 민병일 역. 서울: 중앙북스.

06 사람이란? 수용자란?

디자이너의 생각법을 들여다보기, 디자인싱킹

다음 페이지의 사진은 독일의 뮌헨에서 개최되는 맥주 축제 사진이다. '맥주 축제' 하면 옥토버페스트를 떠올린다. 하지만 9월 말에서 10월 초에 열리는 옥토버페스트 말고도 봄과 여름에 열리는 맥주 축제가 다양하게 있다. 추위가 가시기 시작하는 3월에는 겨우내 발효시킨 맥주를 맛보는 슈타르크 비어 페스트(Stark Bier Fest)가 열리고, 7월에는 아침 6시부터 열리는 색다른 맥주 축제, 이름하여 코허 발(Kocher Ball)이 열린다. 뮌헨에서 연구년으로 머물던 나는 호기심에 일찍 일어나 자전거로 행사장인 영국정원에 도착했다. 6시가 약간 넘은 시간인데 벌써 사람들이 모여서 축제를 벌이고 있었다. 몇 천 명이나 되는 사람들이 일요일 6시에 모여 있었다. 녹아 내린 촛농을 보면 사람들이 새벽에 와서 거의 밤을 지새웠다는 것을 알 수 있다. 이 축제는 외국인

뮌헨 영국정원에서 한 여름 일요일 아침 6시에 시작하는 맥주 축제, 코허 발

07 디자이너의 생각법을 들여다보기, 디자인싱킹

들보다는 독일 사람들이 모여서 즐기는 지역 맥주 축제라고 할 수 있다. 이 맥주 축제장의 한가운데에 요리사들이 앉아 있다.

요리사들이 왜 앉아 있나 물어보았더니, 이 축제가 요리사 축제(Kocher Ball)이기 때문이라는 것이다. 100여 년 전에는 요리사들이 일요일에도 요리를 했다고 한다. 뮌헨의 '옥토버페스트' 맥주 축제에서 일반인은 축제를 즐기는데 요식업에 종사하는 사람들은 축제를 즐길 시간이 없기 때문에 일요일 아침 6시에 모여서 아침 10시까지 축제를 즐긴 뒤 일을 하러 가는 축제가 만들어졌다는 것이다. 요리사 축제는 한동안 사라졌다가 최근에 되살아났다. 요리사 축제는 누구에게나 축제를 즐길 권리가 있다고 하는 인권의식이 들어 있다는 것을 느꼈다. 직업의 귀천이 없이 누구에게나 맥주 축제를 즐길 수 있는 권리가 있다는 사람들의 마음을 읽었기 때문에 축제가 만들어지지 않았

요리사가 주인공인만큼 가장 좋은 자리에 요리사들이 앉아 있다.

나 생각해 본다.

이와 같이 사람들의 생각을 중심에 놓고 기획하는 방법이 디자인싱킹의 핵심이다. 디자인싱킹을 거칠게 요약하자면 '디자이너의 생각법'이라 할 수 있다. 디자이너가 생각하는 방식을 그대로 따라 하는 기획법이다. 사람을 중심에 놓는 사고법을 디자인싱킹의 핵심 기법이라고 이해하면 된다. 지금까지 사람이 아닌 기술이나 시장이 중심이 되어 온 로지컬싱킹의 반대 개념이다. 디자인싱킹은 기술을 쓰지 않거나 시장 규모가 작다 하더라도 사람을 생각하고 기획하는 사고법으로, 더 이상 새로운 것이 나오기 힘들고 성장이 한계에 도달했다고 느끼는 순간에 효과를 발휘한다. 디자인싱킹의 과정은 세 가지로 이루어져 있다.

새로운 발상과의 연결고리, 디자인싱킹

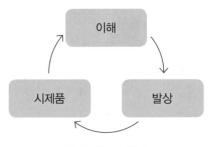

디자인싱킹의 3단계
계속 반복을 거친다.

출처: 日経デザイン (2017).

07 디자이너의 생각법을 들여다보기, 디자인싱킹

첫 번째 단계는 '이해'다. 어떤 문제를 해결하기 위해서 가장 먼저 해야 하는 것은 현상에 대한 이해다. 다음으로는 이해를 바탕으로 더 좋은 아이디어를 발상하고, 이 발상을 통해서 만들어진 실질적인 아이디어를 곧바로 시제품을 통해서 검증하는 과정을 반복하는 사이클이 바로 디자인싱킹의 방법이다. 중요한 것은 현상에 대해서 더 깊이 이해하는 것, 더 깊은 발상을 창출하고 더 발 빠른 시제품을 만들어서 검증하는 것이며, 한 번의 과정으로 끝나지 않는다는 것이다. 반복적으로 수행되는 이 과정은 결국 논의의 발산과 수렴이라는 과정으로 이해할 수 있다. 발산은 일종의 확산이라고 이해하면 된다.

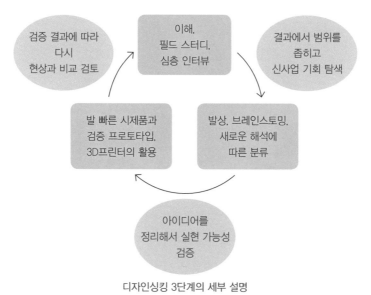

디자인싱킹 3단계의 세부 설명

출처: 日経デザイン (2017).

어떠한 현상을 이해하기 위해서는 다양한 자료들을 얻어야 하기 때문에 필드 스터디나 심층 인터뷰를 통해서 수많은 자료를 확보해야 한다(발산). 그 뒤에는 해결해야 될 문제를 선택하기 위해서 신사업의 범위를 좁히는 것이다(수렴). 다시 브레인스토밍을 하거나 발상을 할 때는 아이디어를 확장해야 한다(발산). 그리고 확정된 아이디어 중에서 하나의 아이디어를 선택해서 시제품으로 만든다(수렴). 시제품을 만들 때도 소재나 제작방법을 다양하게 생각한 다음(발산), 결국 하나의 시제품으로 압축하는 과정(수렴)을 거친다. 기획의 매 단계에서 아이디어들이 발산된 다음에 다시 줄어드는 수렴의 과정이 반복되는 것을 확인할 수 있다.

로지컬싱킹과 디자인싱킹의 차이점

디자인싱킹은 기술이나 시장을 중심에 둔 접근법이 아니고 사람에 초점을 둔 접근법이다. 디자인싱킹의 장점은 어느 현장의 상황을 직접 파악해서 새로운 발상으로 연결시킬 수 있다는 것이다. 반면에 단점은 시장성을 예측하기가 어렵다는 것이며,

07 디자이너의 생각법을 들여다보기, 디자인싱킹

수익성이 크지 않을 수 있다는 것이다. 그럼에도 불구하고 디자인싱킹의 접근법에 관심이 모이는 이유는 전 세계 어느 나라나 성장이나 발전이 어느 정도 한계에 다다랐기 때문이다. 새로운 기술 혁신이나 큰 투자를 하지 않더라도 관찰력이나 발상력을 강화하는 것만으로 새로운 혁신이 가능하기 때문에 디자인싱킹이 관심을 받고 있는 것이다.

라캉의 욕망 이론 이해하기

그렇다면 디자인싱킹에서 이야기하는 '사람', 사람의 마음을 어떻게 알 수 있을까? 라캉(Lacan)의 '정신분석이론'에 기대어 설명하고자 한다. 라캉은 욕망의 공식을 다음과 같이 정의하였다. '주체 S는 허구적 대상 A에 대한 결핍이다. 욕망은 계속 미끄러진다.' 욕망이 미끄러진다는 표현은 욕망을 잡으려고 하면 다시 또 욕망이 사라지는, 즉 무지개와 같다는 뜻이다. 우리가 대중을 파악하기 어려운 점이 바로 이러한 인간의 욕망의 근본적인 성격 때문일지도 모른다. 욕망은 우리가 찾고 난 다음에 충족되는 것이 아니며, 욕망은 커져서 우리의 요구를 넘어서게 된다.

그래서 라캉은 주체를 '결핍'의 존재로 보았다. 그는 욕망을 '환유'로 보았는데, 구조주의에서 은유를 요약하고 좁히는 압축이라고 한다면, 환유는 좀 더 연상되고 확장되는 '전치'라고 이

프랑스의 정신분석학자 라캉
욕망이론을 통해 인간을 이해할 기초를 제공했다.

야기한다. 계속 확장되는 욕망은 미끄러지는 것이다. 앞서 살펴본 기표와 기의가 합쳐져서 하나의 기호가 되고, 이 기호가 또다시 기표로 작용하면서 또 다른 기의가 만들어지고, 신화가 만들어진다. 이와 같이 기호가 계속 미끄러지는 것과 마찬가지로 욕망 역시 미끄러진다.

　그렇다면 요구(demand)와 욕망(desire) 및 욕구(need)와의 관계에 대해 알아보자. 욕구란 인간이 생존에 필요로 하는 기본적인 '바람'이다. 식욕이나 수면욕, 생존욕과 같은 소망 충족이라고 할 수 있다. 요구는 '나 자신에게 충족되었으면……' 하고 바라는 언어로 번역된 소망 충족이다. 좋은 차를 타고 싶고, 밥먹을 때 누군가와 이야기하고 싶은 것을 요구라고 한다. 라캉은 욕망을 요구에서 욕구를 뺀 나머지 부분이라고 말한다. 우리가 말로 하고 싶어 하는 소망 충족에 대한 기대와 우리가 실

　　　　　07 디자이너의 생각법을 들여다보기, 디자인싱킹

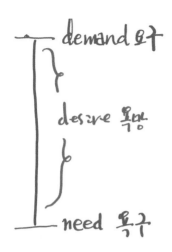

라캉의 제1욕망
요구에서 욕구를 제한 부분이 욕망이다.

제 가지고 있는 욕구, 그 사이에 있는 것이 욕망이다. 라캉은 '요구에는 항상 그 이상의 것이 있고, 분석에서 욕구의 긴박함과 발효된 요구 사이에 존재하는 도저히 줄일 수 없는 나머지가 바로 욕망이며, 그래서 그 차이의 결과로 나타나는 게 욕망'이라고 말한다(Lemaire, 1996). '욕망＝요구-욕구' 이렇게 표현할 수 있다.

두 번째 욕망의 정의는 '요구로도 담아내지 못하는 그 너머의 바람'이다. 어떻게 보면 무의식적인 바람일 수도 있다. '욕망은 항상 요구를 넘어선다. 그리고 요구가 있기 전부터 존재했다'고 라캉이 이야기했다. 라캉을 연구한 아니카 르메르(Anika Lemaire)는 '욕망이 요구를 넘어서 존재한다는 말은 욕망이 요구를 초월해서 욕망이 충족되는 것이 아예 불가능하다'라는 것을 뜻한다고 했다. 따라서 요구는 욕망을 반드시 언어 형태로 표출하기 때문에 필연적으로 욕망의 진정한 의미를 드러내지 못한다. 하지만 욕망은 요구 아래 존재하는 것으로부터 캐내질 수 있다. 이러한 설명은 인간은 결국 결핍된 존재, 결여된 존재라고 하는 것을 상기시킨다. 라캉이 얘기한 결여, 결핍, 틈새라는 용어가 어떻게 보면 인간의 본질적인 정의가 아닐까? 인간은 태어날 때부터 결핍된 존재이고, 결여된 존재다. 이것을 무언가로 채우고 싶어 하고, 이 욕망은 계속 채워지지 않는다. 따라서 결여는 인간의 조건이며, 그 조건으로 생겨나는 모든 근본적인 열망을 동반한다.

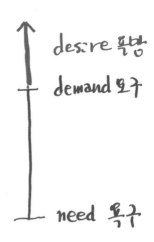

라캉의 제2욕망
요구를 넘어선다.

07 디자이너의 생각법을 들여다보기. 디자인싱킹

그렇다면 인간의 욕망을 읽어 내고, 인간의 결핍을 찾아내는 것이 기획자의 사명이 아닐까. 이러한 인간의 욕망과 욕구와 요구는 심층 인터뷰를 통해서 말로 번역된 바람과 소망 충족, 그 사이의 격차를 확인하고, 그 요구를 넘어선 것들을 탐색하는 것이 하나의 방법이 되지 않을까 싶다.

따라서 의식을 넘어선 무의식의 흐름을 파악하는 것이 매우 중요하다. 지금 대중의 머릿속에 머물고 있는 무의식의 흐름을 파악하는 것이 굉장히 중요하다는 것이다. 대중의 무의식은 페이스북에 올라온 포스트 한 장에서 발견할 수도 있고, 인스타그램의 사진 한 장에서도 눈치 챌 수 있다.

지금 우리에게 필요한 방송 콘텐츠는 무엇일까? 가령 〈오징어 게임〉이나 〈이상한 변호사 우영우〉가 큰 인기를 모은 데에는 다양한 욕망을 담았기 때문이라고 생각한다. 더 이상 물러설 수 없는 한계에 봉착한 사람들의 생존에 대한 욕구와 큰돈을 쥐고 싶은 욕망, 핸디캡이 있지만 사회의 구성원으로서 역할을 해내고 싶은 욕망도 담겨 있다.

'아이팟을 함께 묻어 달라.' 오래전에 한 중학생이 자살하면서 남긴 유서의 제목이다. 과도한 공부에 대한 압력과 스트레스 속에서 가장 큰 즐거움을 줬던 것이 바로 아이팟이었으며, 자기가 죽으면 아이팟을 꼭 함께 넣어 달라는 중학생의 유언은 사람들의 마음을 아프게 했다. 이 아이팟이 어떤 존재이기에 이 학생에게 이렇게 큰 의미를 가졌을까? 애플의 디자이너 조나단 아이브(Jonathan lve)를 취재한 스테판 프라이(Stephen Fry)는 이렇게 전했다. "우리는 인간이다. 우리의 첫 번째 반응은 계산에 의해서가 아니라 느낌에 의해서 지배된다. 매일 몇 시간씩 주머니에 넣거나 손에 들고 다니는 물건이 있다면 그 물건과의 관계는 매우 깊고, 인간적이고, 감정적으로 될 수밖에 없다." 이 아이팟의 디자인이 굉장히 직관적이고, 인간의 정서적인 측면을 호소하는 디자인으로 기획되었다는 것을 금세 알 수 있다. 이를 보면서 철학자들이 이성적인 인간에서 감정적인 인간, 정서적인 인간 쪽으로 생각의 폭을 넓혀 가는 현상이 겹쳐진다. 철학자 스피노자(Spinoza)는 『에티카』를 통해서 인간의 감정에 대한 여러 가지 생각들을 자세하게 기술해 놓았는데, 인간이 왜 정서적이고 감정적인 존재인가를 생각하는 계기가 된다. 이렇게 시대적 흐름과 디자인싱킹은 공명하는 부분이 적지 않다고 할 수 있다.

디자이너는 어떻게 생각할까?

디자이너가 생각할 때는 이 세 가지 방식으로 생각을 한다. 첫 번째가 공감 능력, 두 번째는 창의력, 세 번째는 반복 실행이다.

첫 번째, 공감 능력은 대상에 대한 깊이 있는 이해를 말하는 것으로, 고객 중심 사고보다 훨씬 더 인간적이라고 할 수 있다.

나는 기획자 여러분께 이러한 질문을 던지고 싶다. "우리는 방송을 보는 시청자들을 얼마나 충분히 이해하고, 공감을 하고 있는가? 아니면 우리가 생각하고 있는, 우리가 만들어 놓은 시청자를 생각하면서 방송을 만들고 있는 건 아닌가?"

두 번째는 창의력이다. 디자인이란 결국은 어떤 것에서 새로운 것을 만들어 내는 능력이기 때문에 디자이너처럼 생각하는 관리자는 스스로를 크리에이터로 생각한다. 예를 들면, 과학자는 이미 존재하는 무언가를 설명하기 위해서 현재를 조사하는 반면, 디자이너는 현재 존재하지 않는 무언가를 새롭게 만들기 위해서 내일을 만들어 내는 사람이라고 정의할 수 있다. 기존에 누군가가 기획한 콘텐츠를 발전시키는 것도 의미 있는 일이지만, 정말 중요한 가치는 세상에 없던 새로운 콘텐츠를 탄생시키는 것이다.

세 번째는 반복 실행이다. 디자이너는 문제가 최종적으로 해결이 될 때까지 반복해서 새로운 걸 시도해 나간다. 이것이 디자인싱킹의 핵심 개념이다. 완성된 결과물이라고 생각하기보다는 이것들이 만들어지는 과정이고, 더 나은 걸 위해서 끊임없이 반복하는 그 과정으로 특징지어진다. 하나의 방송 프로그램 역시 처음 만들어졌을 때 부족한 부분이 눈에 띄지만, 시간을 두고 계속 보완해 나가면 괜찮아지는 것을 알 수 있다. 〈유퀴즈 온 더 블럭〉은 처음에는 거리에서 가볍게 시청자를 만나는 프로그램으로 인식되었지만, 끊임없는 자기혁신을 통해 대

수족관에서 1박을 하는 나이트 스테이 프로그램
아이들은 행복했을까?
출처: https://tokyo-bay.biz/pref-chiba/city-kamogawa/naightstay/

중문화의 최전선의 담론을 형성하는 미디어로 거듭났다.

일본에 한 수족관이 있다. 이 수족관이 어떻게 사람들로부터 더 많은 사랑을 받을 수 있게 되었을까? 수족관에 일하는 사람들이 디자인싱킹 접근법을 통해서 만든 방법은 무엇이었을까? 일본에 '가모가와 시월드'에서 만든 '나이트 스테이' 프로그램은 밤에 수족관에서 물고기와 함께 잠을 자는 프로그램이다.

아이들은 물고기와 함께 잠을 자고 꿈속에서도 물고기 만난다. 아침에 일어나자마자 물고기를 볼 수 있는 독특한 경험을 제공하면서 수족관이 화제를 모았다. 물론 이 프로그램이 물고기한테 좋은 일은 아닐 것이다. 푹 쉬어야 하는 밤중에 누군가가 머무는 것만으로도 스트레스가 될 수 있다. 사람을 생각하는 것까지는 좋은데, 동물의 복지를 생각한다면 좋은 선택이 아닐 수 있다. 적절한 방음과 차광 장치들을 모색하고 있을 것이라 믿어 본다.

택시의 미덕은 목적지에 빨리 그리고 편안하게 가는 것이다. 우리가 지하철 대신에 택시를 탈 때는 몇 분 정도 더 빨리 가고 싶어서 타는 경우가 대부분이다. 그런데 일본에는 천천히 가는 택시가 있다.

느리게 가는 택시를 원하는 욕망을 발견한 터틀 택시
출처: https://luxurylaunches.com/travel/turtle-taxi-in-japan-offers-a-leisurely-
drive-by-going-slow-and-customers-are-loving-it.php

요코하마시의 산와택시라고 하는 회사인데, 이 회사는 택시를 타면 멀미하는 사람들이 생각보다 적지 않고, 또한 임산부나 노약자나 환자들은 빠른 속도로 달리는 택시를 불편해한다는 것을 발견했다. 그래서 개발한 것이 거북이 택시, 즉 터틀택시다. 차 조수석 뒤 쪽에 '천천히'라고 쓰인 버튼을 누르면 기사에게 전달되고, 기사는 '천천히'라는 표찰을 달고 그때부터 저속으로 운전한다.

출처: https://slowalk.com/1902

적정 속도로 가기 때문에 일종의 에코 드라이브로, 배기가스도 줄어들어 환경을 보호하는 효과도 있다. 터틀 택시는 2014 굿디자인 특별상을 수상했는데, 앞으로 다가올 미래의 기초를 놓는 디자인으로 평가받았기 때문이다. 택시라는 속성에 숨어 있는 의외의 욕망을 발견하고, 제시한 것만으로 많은 사람에게 호평을 받은 디자인싱킹의 좋은 사례다.

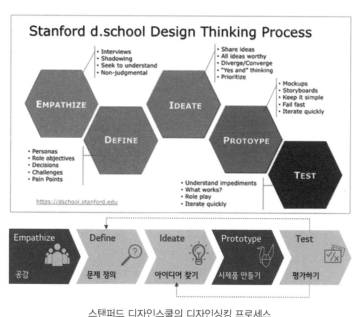

스탠퍼드의 디자인스쿨에서는 디자인싱킹의 과정을 다섯 가지 요소로 설명한다. 첫 번째는 공감(empathize)이고, 두 번째는 문제 정의(define), 세 번째는 발상(ideate), 네 번째는 시제품(prototype)을 만드는 것이다. 마지막으로는 제대로 작동하는지 검증하는 과정(test)이다. 이 다섯 가지를 압축하자면, '이해, 발상, 시제품'으로 줄어든다. 디자인싱킹은 발산과 수렴의 반복이고 사람을 이해하는 과정이기 때문에 사회를 바꾸는 기획이 될 수 있고, 우리가 사는 세상을 좀 더 나은 곳으로 만들 수 있는 생각법이다.

음식과 잡지로 사람을 연결하다, 『먹는 통신』

음식이 마을을 바꿀 수 있을까? 또한 미디어가 마을을 바꿀 수 있을까? 지금 한국이 맞닥뜨린 가장 큰 파도 중 한 가지가 지역 재생이라고 할 때, 이 음식과 미디어로 마을을 바꾼 사연

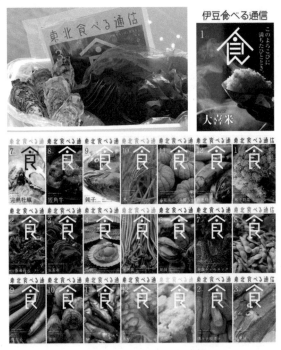

도호쿠 지방에서 시작한 『먹는 통신』이 전국의 도시로 확산되었고,
이들은 하나의 연합체를 구성한다.

출처: https://allabout.co.jp/gm/gc/453919/, https://dot-tree.com/izu-taberu/
feature/2018/4271/, https://allabout.co.jp/gm/gc/453919/

을 소개하고자 한다. 일본의 도호쿠 지방에서 시작된 『먹는 통신』이라는 잡지다.

이 잡지는 잡지를 구독하면 음식물이 함께 배달된다. 맛있는 잡지가 될 수 있겠다. 이와테현의 하나마키시에서 시작된 로컬 미디어가 바로 『먹는 통신』이다. 지방의회 의원으로 재선된 뒤에 재난 지역 부흥 현장에 관여한 다카하시 히로유키(高橋博之)가 시작했다.

NOP 법인 동북개간을 만들었고, '세상의 개선은 음식 개선으로부터 시작될 수 있다'는 모토를 내세웠다. 또한 '농산물의 생산현장이 바뀌려면 소비자가 먼저 바뀌어야 한다'는 도발적인 생각을 했다. 『먹는 통신』은 미국에서 시작이 된 CSA(Community Supported Agriculture), 즉 '공동체가 지원하는 농업'이라는 방법에서 힌트를 얻었다. 우리가 잘 알고 있는 농산물 꾸러미 사업이 CSA에서 시작한 것이다. CSA는 1985년에

고향을 되살리기 위해 『먹는 통신』을 기획한 다카하시 히로유키

미국의 뉴잉글랜드에서 책임 있는 생태환경, 생태 지향적인 농업을 위해서 만들어졌다. 다카하시는 여기서 힌트를 얻어 지방의 농부가 도시의 소비자를 연결하는 좋은 방식이 없을까 고민했다. 식재료에 대한 신뢰나 생산자에 대한 이해, 이 두 가지를 서로 주고받는 미디어가 만들어질 수 없을까 생각한 결과 만든 것이 『먹는 통신』이다. 전 세계 어딜 가든 먹는 게 유행이지만 사람들이 농사에는 관심이 없다. 요리하는 사람의 얼굴은 TV

『먹는 통신』이 기획한 농활에 도시민들이 참여하여 수확을 돕는다.
출처: https://dot-tree.com/izu-taberu/feature/2018/4271/

07 디자이너의 생각법을 들여다보기, 디자인싱킹

농산물 꾸러미의 원형은 공동체가 지원하는 농업(CSA)이다.
출처: https://lifehugger.jp/interview/csa-nose-naritafarm/

에 나오기 때문에 사람들이 관심 갖지만 농사 짓는 사람들의 얼굴은 TV에도 잘 나오지 않고, 자기 생산물에도 붙어 있지 않다. 그래서 농산물을 만드는 사람, 식자재를 만드는 사람의 얼굴을 보여 주는 게 『먹는 통신』의 주된 콘셉트다.

여기서 두 가지 재미있는 발상의 전환을 보여 주는데, 첫 번째가 '소비자를 단지 구경하는 관람석에 앉아 있게 하지 말고 직접 운동장에 내려와서 플레이어로 함께 뛰게 하자'라는 것이고, 두 번째는 '정보가 주연이고, 음식이 조연이다'라는 것이다. 기존의 꾸러미 같은 경우는 음식이 주연이다. 그러나 여기에서는 음식이 주연이 아니고 잡지가 주연이 된다. 잡지는 다음과 같은 특징이 있다. 먼저, 지역의 역사와 전통 식재료 생산자 인터뷰, 조리법 등 생산현장의 현실을 담았다. 가령 어느 마을에서 문어가 잡힌다고 한다면, 그 마을에서는 문어를 어떻게 요리해 먹었고, 문어를 어떻게 잡았는지, 전통적인 문화는 무엇인지를 생산자 인터뷰를 통해서 보여 주는 것이다. 두 번째는 현지 생산자를 잘 알기 때문에 식자재의 가장 높은 등급을 골라서 구독자에게 보낸다. 예를 들면, 사람 키보다 더 큰 미역을 취재하고서 이것을 독자들에게 보내면 독자들은 크고 좋은 미역을 받아서 기뻐한다. 세 번째는 끊임없이 페이스북으로 소통한다. 일반 통신 판매와 다른 점은 음식을 먹고 난 뒤 서로의 경험을 주고받는 포럼이 있다는 것이다. 생산자가 "최선을 다해 만들었으니 맛있게 드세요."라고 말하면 음식을 먹는 소비자의 마음도 달라질 것이다. 네 번째는 상호작용의 결과다. 도시에 사는 사람들은 태풍이 불면 '내일 출근길이 어떻게 될까?'를 고민했다. 그렇지만 이 잡지를 구독하면서 농산물 생산자나 어부들이 얼마나 힘들지 걱정을 하게 된다. 그리고 꽁치가 잘 잡히지 않아서 잡지 배달이 늦어져도 항의하는 경우가 거의 없다고 한다. 생산자와 소비자가 하나가 된 공동체를 형성했다고 볼 수 있다. 포르투갈에서 전래된 호박을 잡지 소재로 다뤘는데 생산자가 딱 2명이었다. 생산량을 늘리고 싶어도 씨가 없어서 힘들었는데 호박을 받은 독자들이 씨를 다시 잡지사에 보내서 훨씬 더 많은 면적의 농사를 지을 수 있었다. 마지막으로 회원을 늘리면 수익을 극대화할 수 있지만, 상호작용에 한계가 있기 때문에 회원 수를 늘리는 대신에 연합체를 늘린 것이다. 2018년 당시에는 구독자가 1,500명이었다. 더 늘리면 수익은 늘어나지만 소통에 문제가 생기게 된다. 그래서 한 도시에서는 1,500명에서 그치고 다양한 도시에서 할 수 있도록 일종의 연합체를 만들었다. 그리고 아무런 대가 없이 사람들로 하여금 이 방식을 채택하도록 제안을 했다. 일본 각 지역마다 『먹는 통신』이 만들어졌다.

『먹는 통신』 사용법은 다음과 같다. 택배가 도착하면 우선 잡지를 읽고 잡지에 나와 있는 조리법대로 요리를 하고 먹은 다음, 페이스북이나 애플리케이션을 통해서 생산자를 만난다. 『먹는 통신』이 준 파급 효과는 대단했다. 미디어의 영향으로 농촌을 찾는 기회가 늘었고, 농촌에 와서 직접 일도 하고, 수확도 해 보면서, '아, 내가 여기에서 살아도 되겠구나'라며 이주를 결정한 사람들이 많이 생겼다. 이것들이 마을 재생에 중요한 희망을 준 것이다. 일본의 『먹는 통신』이라는 미디어가 있다는 것을 알고 이것을 방송사의 시청자위원회에 적용하면 어떨까라는 생각을 해서 나는 「방송사 시청자위원회의 새로운 모델 탐색」(홍경수, 2018)이라는 논문을 쓴 적이 있다. 방송 생산자와 수용자들이 페이스북이라는 공간을 통해서 콘텐츠를 함께 생산하고 그 과정에 깊이 관여하면서 일종의 팬덤을 만드는 방식이다. 여기서는 시청자위원회를 단순하게 만드는 게 아니라 다양한 하부 위원회로 구성하여 많은 시청자가 참여하게 만드는 것이 필요하다.

제주도에도 '무릉외갓집'이라는 일종의 음식 꾸러미 사업이

무릉외갓집의 음식 꾸러미 구성

출처: 무릉외갓집 쇼핑몰(http://www.murungfarm.co.kr/shop/main/index.php).

있다. 음식을 구독하는 서비스가 있고 벤타코리아가 제주 서귀포의 무릉리와 함께 힘을 보탠 사업이다.

전라북도 순창에는 '책다방 밭'이라는 작은 독립서점이 있다. 이 서점에서도 책을 구독하면 책과 함께 그 마을 주민들이 생산한 쌀이나 야채들을 보내 주는 방식의 서비스를 하고 있다. 궁금증을 참지 못하고 구독 신청을 했다. 귀촌한 젊은 사장이 농사와 서점 운영을 함께 하고 있었다. 구독하면 서점에서 선정한 생태 관련 책과 농산물을 함께 배달해 준다. 복분자와 잡곡 등이 함께 배달된 기억이 선명하다.

디자인싱킹이 우리에게 주는 인사이트는 무엇일까? 나 자신, 내 가족, 내 조직에 적용해 본다면 디자인싱킹은 결국 사람

07 디자이너의 생각법을 들여다보기, 디자인싱킹

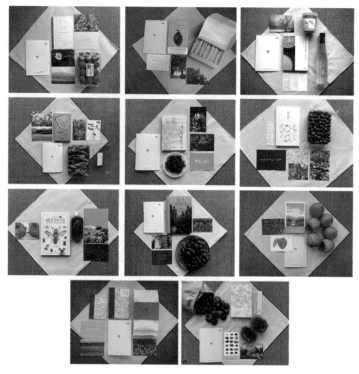

생태책방인 책다방 밭에서는 책 구독 서비스 독자에게 책과 농산물을 함께 보내 준다.
출처: 책다방 밭 스마트스토어(https://smartstore.naver.com/batt_sonen90/).

에 대한 사랑으로 수렴된다. 큰 수익이 나지 않을 수도 있고 눈에 띄는 발전은 아닐 수도 있다. 하지만 그러한 콘텐츠를 필요로 하는 사람들을 만족시키고 그 사람들을 행복하게 할 수 있는 결과를 가져올 수 있다면, 왜 디자인싱킹을 적용하지 않을까 싶다.

참고문헌

서영채(2013). 인문학 개념정원. 경기: 문학동네.

홍경수(2018). 방송사 시청자위원회의 새로운 모델 탐색. 한국콘텐츠학회논문지, 18(11), 213-221.

Kelley, T., & Kelley, D. (2014). 유쾌한 크리에이티브(*Creative Confidence*). 박종성 역. 서울: 청림출판.

Lemaire, A. (1996). 자크 라캉(*Jacques Lacan*). 이미선 역. 서울: 문예출판사.

Liedtka, J., & Ogilvie, T. (2016). 디자인씽킹, 경영을 바꾸다(*Designing for Growth*). 김형숙, 봉현철 역. 서울: 초록비책공방.

Spinoza, B. (2007). 에티카(*Ethica*). 강영계 역. 서울: 서광사.

影山裕樹 (2017). ローカルメディアのつくりかた. 学芸出版社.

日経デザイン (2017). ビジネスのアイデアがどんどん出てくる本. 日経BPムック.

미디어 이론을 잘 이해한다면, 새로운 방송 콘텐츠를 기획하는 데 좋은 인사이트를 얻을 수 있다. 왜냐하면 모든 콘텐츠는 미디어를 전제로 만들어지고 미디어를 통해서 전달되기 때문이다. 미디어란 무엇일까? 앞에서 아리스토텔레스의 커뮤니케이션 모델과 라스웰의 커뮤니케이션 모델을 설명했다. who-says what-in which channel-to whom-with what effect, 즉 '누가, 무엇을, 어떤 채널을 통해서, 누구에게 그리고 어떤 효과를 가지고'라고 하는 것이 SMCRE 모델이라고 한다. 라스웰의 소통 모델에서 미디어는 in which channel, 즉 어떤 채널, 어떤 수단, 어떤 경로를 통해서 전달하는지를 말한다. 이러한 채널이 바로 미디어다. 앞서 나는 콘텐츠는 '발신자와 수신자를 연결하는 내용'이라고 정의했다. 그렇다면 미디어는 '발신자와 수

로키산맥에 위치한 밴프의 전경
텔레비전 페스티벌로 유명하다.

신자를 연결하는 수단'이라고 정의할 수 있다.

캐나다의 밴프는 로키산맥이 있는 멋진 도시다. 밴프에서는
텔레비전 페스티벌이 열린다. 내가 PD였던 2002년에 페스티
벌에 참여했었다. 스테이크가 유명하다고 해서 스테이크를 미
디엄으로 주문했다. 그런데 좀 잘 익은 정도의 상태인 미디엄
웰던에 가까운 스테이크가 나왔다. 웨이터에게 이야기하니 곧
바로 음식값을 안 받겠다고 해서 놀랐다.

고기를 구워 먹을 때 '미디엄'이란 완전히 구운 것과 날 것의
중간을 이야기한다. 미디엄은 가운데 있는 것, 중간에 있는 것
이라는 고전적인 뜻이 있다. 미디엄이라는 단어가 명사와 형용
사로 같이 쓰인다고 할 때 명사의 단수형은 medium이고, 복수
는 media다. 좁은 의미의 미디어의 정의는 정보나 자료를 저장
하고 전달하는 도구다. 여기서 자료와 데이터는 '숫자나 영상,
단어 등의 형태로 된 의미의 단위'이고, 이런 자료를 정리하면

08 기획자를 위한 미디어 이론

미디엄이란 날고기와 익힌 고기의 중간이다.

정보가 된다.

맥루한의 미디어에 대한 정의

그렇다면 넓은 의미의 미디어는 무엇일까? 이 질문에 마샬 맥루한의 미디어 이론으로 답하고자 한다. 첫 번째, 미디어는 중간자다. 스테이크 이야기를 했던 것처럼 가운데 있는 것이 미디어다. 두 번째, 미디어는 메시지다. 라스웰의 커뮤니케이션 모델에서 미디어와 내용, 콘텐츠는 분명히 구분이 되어 있다. 그런데 맥루한은 미디어 그 자체가 메시지라는 도발적인 정의를 내렸다. 세 번째, 미디어는 거울일까 아니면 창문일까? 여기서 미디어는 거울보다는 창문에 가깝다는 정의를 내렸다.

네 번째, 미디어는 인간의 확장이다. 마지막 다섯 번째, 미디어는 마사지다.

차례대로 살펴보자. 첫 번째로 '미디어는 중간자다.' 중간자는 가운데에서 매개, 중개해 주는 사람을 지시한다. 그래서 두 사람이나 사물 사이를 연결해 주는 중간자의 역할을 한다.

MBC 〈무릎팍도사〉는 예능의 본질을 꿰뚫은 프로그램이다. 무릎팍도사(강호동)가 스타나 유명인들을 대중과 연결하는 역할을 수행한다. 대중의 마음을 알 수 없는 스타에게 "대중의 마음은 이것이다. 걱정하지 마라. 기운 팍~" 이렇게 힘을 주는 것이 무릎팍도사의 역할이다. 따라서 무릎팍도사가 대중과 스

예능의 본질을 꿰뚫은 〈무릎팍도사〉
무릎팍도사 강호동은 대중과 스타를 연결하는 매개자다.

타를 연결했다고 말할 수 있다. 영화 〈너의 이름은〉에서 주인공의 직업은 무녀, 신녀로 제사를 지내는 사람이다. 오래전부터 제사의 기본적인 기능은 보이지 않는 신을 즐겁게 해 주는 것, 즉 엔터테인을 해 주는 것이다. 춤과 무용, 노래 또는 낭독을 통해서 신을 즐겁게 해 주는 것이 무당, 무녀, 미래를 예측하는 사람들의 역할이다. 이들은 하늘의 뜻과 사람들의 마음을 연결해 주는 역할을 하기 때문에 일종의 미디어다. 그렇게 따지고 보면 거의 모든 직업이 다 미디어라고 할 수 있다. 나 역시 내가 경험하고 배웠던 경험과 지식을 학생들에게 전달해 주는 일종의 미디어다. 공인중개사야말로 가장 쉽게 생각할 수 있는 중간자다. 가격 흥정을 돕고 거래가 성사되도록 돕는 등 사는 사람과 파는 사람을 연결해 준다.

미디어가 중간자이면서 어떠한 역할을 수행하는지 베럴슨(Berelson)은 다음과 같이 설명했다. 미디어는 단순히 정보를 전달하는 것이 아니다. 정보를 전달하는 그 이상의 가치를 갖는다. 주변 세상이 어떻게 돌아가는지를 알려 주는 기능을 수행한다. 우리가 뉴스를 통해서 새로운 정보를 얻지 못한다고 하더라도 TV를 틀어 놓는 가정이 있다. TV를 통해서 우리가 이 세상이 어떻게 돌아가는지 파악할 수 있고 세상이 돌아가는 감각을 주는 것이 미디어라고 정의 내린다. 다음은 베럴슨이 「What missing the newspaper means?」라는 논문을 통해 설명한 내용이다. 1945년 뉴욕에서 신문배달원들이 파업했다.

17일 동안 신문이 배달되지 않아서 당시 사람들이 당혹해했다. 신문을 17일 동안 보지 못한 사람들 반응은 어땠을까? "끔찍한 뉴스를 보지 않아서 편했다."라고 하는 사람도 있었지만, 대부분은 "물을 나온 물고기 같았고, 또 신경질적이 되었고, 내 삶에서 중요한 무언가가 빠진 듯 고통스러웠다, 잠을 못 잤다."라는 대답이 대부분이었다. 이러한 반응에서 알 수 있듯이, 미디어는 단지 정보를 전달하는 데서 그치는 것이 아니고 정보를 전달하고 해석하는 것뿐만 아니라 일상생활의 도구이기도 하고 휴식의 도구라는 것을 알 수 있다. 더 중요한 것으로는 미디어가 사회적 접촉(social contact)을 제공한다는 사실이다.

이러한 베럴슨의 연구결과를 방송에 적용을 한다면, 어떤 콘텐츠나 내용을 전달하기보다는 방송이라는 미디어를 통해서 사람들이 '아, 내가 사회적으로 살고 있구나' '세상이 어떻게 돌아가는지 내가 알 수 있구나'라는 사회적 접촉에 대한 감각을 제공해 주는 것이 필요하다는 것을 눈치 챌 수 있다. 나영석 PD가 연출했던 KBS 〈인간의 조건〉이라는 프로그램에서는 출연자들에게 필수적인 미디어 없이 생활하게 했다. 사람들의 반응은 신문이 배달되지 않았을 때 보였던 반응과 큰 차이를 보이지 않았고, 이것이 프로그램의 재미 요소가 되었다.

두 번째 정의는 '미디어는 메시지다'라는 것이다. 가령 커피 원두가 있다고 할 때, 같은 콘텐츠를 다른 컵에 담아 놓으면 다른 콘텐츠가 된다. 어떤 컵에 담기냐에 따라서 값도 달라지고 느낌도 달라진다. 중요한 것은 콘텐츠가 아니라 미디어라는 맥루한의 도발적이고 은유적인 설명이다. 맥루한은 "The medium is the message."라고 이야기한다. 메시지 내용은 수용자를 끌기 위한 도구다. 중요한 것은 미디어와 수용자가 맺는 관계다. 미디어의 내용은 집 지키는 개의 주의를 끌기 위해 강도가 던져 주는 살코기와 같은 것이다. 살코기가 콘텐츠라고 한다면 도둑이 미디어다. 메시지 내용은 수용자의 주의를 끌기 위한 도구일 뿐 실제 중요한 것은 도둑이다. 이러한 설명에 대해서 '킬러 콘텐츠의 시대에 미디어가 중요한 게 아니고 콘텐츠가 중요하다'라고 말하는 사람이 있을 것이다. 맥루한의 주장을 다음과 같이 이해하면 된다. '아, 저 사람은 천사야' 이렇게 은유적으로 설명할 때 그 사람의 성품이나 특성이 천사라고 하는 거지 물질적인 바탕이 천사가 아니라고 해서 그 사람의 말이 틀렸다고 할 수 없다. 맥루한의 이야기는 미디어의 본질을 은유적으로 설명한 것이다. 미디어도 중요하고 콘텐츠도 중요하다. 이것이 현실이다. 다만 맥루한이 미디어가 더 중요하다고 했던 것은 미디어가 수용자와 맺는 상호작용을 통한 관계형성 그리고 미디어의 확장성을 염두에 두고 이야기한 것 아닐까 생각한다.

세 번째 정의는 '미디어는 거울일까 아니면 창문일까?'다. 많은 사람이 미디어가 현실을 반영한다고 이야기하지만 순수하게 100% 현실을 그대로 반영(reflection)하는 것이 아니다. 오히려 현실을 새롭게 만들어 내는 것이 미디어다. 그래서 현실을 '구성한다(construct)'라고 표현한다. 동일한 사건이 일어났을 때, 라디오, TV, 신문이 각각 다른 방식으로 콘텐츠화하는 것을 볼 수 있다. 이러한 차이는 시간이나 지면의 제약뿐만 아니라, PD의 시각, 회사의 편집 방침, 상사의 성격, 조직의 문화, 영상의 특성 등 다양한 요인 때문에 발생한다. 그래서 많은 학자가 미디어가 현실을 비추기보다는 현실을 구성한다는 데 동의하고 있다.

네 번째는 '미디어는 인간의 확장이다'는 정의다. 확장이라는 단어가 애매모호하게 들리지만, 영어로는 'extension'이다.

익스텐션 코드(extension code)는 전자제품의 코드 줄이 짧을 때 늘려 주는 기능을 한다.

팔이 짧아서 텔레비전을 누르지 못할 때 리모컨이라는 존재가 우리의 팔을 늘려 주는 효과를 주기 때문에 리모컨은 인간의 팔을 늘린 것이다.

라디오라는 매체는 신체의 어떤 부분을 확장한 것일까? 우리의 귀를 확장한 것이다. 우리가 가청 거리 밖의 소리들은 들을 수 없지만, 라디오라는 매체를 통해서 수천만 킬로미터 떨어져 있는 먼 곳에서 일어나는 일들을 가까이 있는 것처럼 들을 수 있다. 우리 귀가 늘어나서 유럽까지 확장됐다고 생각할 수 있다.

텔레비전은 '멀리 있는 걸 본다'라는 뜻처럼 우리의 눈을 확장했다.

버스는 발을 확장한 것이다. 그래서 버스기사들이 파업을 할 때, 신문에서 '시민의 발이 묶였다'라는 표현이 나온다. 버스의 미디어적인 특징을 잘 간파한 제목이다.

세상의 모든 도구는 어쩌면 인간을 확장한 미디어일지도 모른다.

'흙손'은 이름에 나와 있는 것처럼 손을 확장한 것이고, '톱'은 손톱을 확장한 것, '망치'는 주먹을 확장한 것 그리고 길이를 재는 '자'는 손가락의 마디를 확장한 것이다. 1피트라고 할 때의 피트가 발을 뜻하는 foot의 복수형임을 생각할 때 발을 확장한 것이다. '운동화'는 발바닥의 피부를 확장한 것으로 볼 수 있다.

맥루한은 이와 같이 설명한다. "어떤 발명이나 테크놀로지라 하더라도 이것들이 우리 육체를 확장하거나 또는 절단했다."

하단 자막이 도입되면서
카메라 감독은 다른 방식으로 화면을 잡는다.

확장은 늘린 것이고, 절단은 그것들을 없애 버린 것이다. 확장은 미디어들에 대한 설명으로 이해가 된다. 절단은 스마트폰이 생긴 후 전화번호를 외우는 능력이 급속히 없어졌기 때문에 우리 뇌에서 기억하는 뇌의 일부분을 자른 것으로 이해하면 된다. 이러한 확장은 신체의 다른 여러 기관과 확장된 신체에 대해서 새로운 비율 관계와 새로운 균형을 요구한다. 오관의 확장인 미디어가 작용할 때, 감각의 내부뿐만 아니라 미디어 내부에도 새로운 배분 비율이 만들어진다. 오래된 것이기는 하지만 예전에 "지금 하단에 전화번호가 나가고 있습니다. 이곳에 신청하세요."라는 자막을 내보낼 때 화면 안에서는 어떤 변화가 생겼을까?

카메라 감독이 웨이스트 샷(waist shot) 잡을 것을 니 샷(knee shot)으로 바꾸며, 허리에서 자를 영상의 프레임을 무릎까지 확

새로운 기술이 도입됨에 따라
앵커의 동선이 크게 달라졌다.

대하게 된다. 자막이 들어온다는 것을 알고 있기 때문이다. 이처럼 미디어 안에서 요소들은 서로 조정하고 새로운 관계를 맺어 간다. 터치스크린 기술이 나오면서 방송에도 적용되었다.

대형 스크린이 나오면서 앵커가 스튜디오를 걸어 다니고, 앵커의 정면이 아니라 옆면과 뒷면까지 보여 주는 경우가 있다. 새로운 미디어들이 나오고 제작의 방식에도 변화가 생긴다. 결과적으로 새로운 미디어가 등장하면 사람의 신체 그리고 다른 미디어, 사회에 대하여 조정을 요구한다는 사실은 흥미롭다.

마지막으로 다섯 번째 '미디어가 마사지다'라는 정의다. 사람이 미디어에 노출되면 미디어와 사람과의 관계가 새롭게 형성이 되고, 사람의 감각의 비율이 바뀐다. 미디어가 신체를 확장시키고, 마사지하기 때문이다.

　인류 역사상 엄지손가락을 가장 많이 사용하는 인류가 현재 인류여서 엄지족이라는 표현도 나왔다. 예전에는 돈을 세거나 계약서 지장을 찍을 때 썼던 엄지를 요즘은 스마트폰에 텍스트를 보내거나 여러 가지 인터페이스를 작동시킬 때 사용하기 때문에 관절염을 겪는 사람도 꽤 많다. 이것들은 우리 신체를 주물러 주는 효과, 우리의 신체를 마사지하는 효과가 있다.

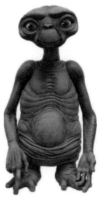

출처: https://hero.fandom.com/wiki/E.T.

08 기획자를 위한 미디어 이론

오래전에 본 ET의 모습은 인류의 미래 모습일지도 모른다. 많이 걷지 않고 앉아 있기 때문에 다리가 짧아지고, 손가락을 많이 쓰게 되어 손가락이 길어지고, 영상을 많이 보기 때문에 눈이 커지고, 배가 나온다. ET의 평범해 보이지 않는 모습은 결국은 미디어가 인간을 마사지한 결과가 아닐까 생각해 볼 수 있다.

소설가 김훈은 지금도 연필로 소설을 쓴다고 한다. 현재 대부분의 현대인은 노트북이나 컴퓨터를 통해서 글쓰기 때문에 연필이 주는 감각을 잃어버렸다. 청년들에게 연필을 주면서 글을 쓰라고 한다면 어떨까? 글이나 보고서를 쓰기 어려워할 수도 있다. 반대로 김훈 소설가에게 연필을 뺏고 노트북을 주었을 때 그가 지금까지 써 온 방식대로 소설을 쓸 수 있을까?

런던에서 가장 맛있는 식당은 인도 식당과 중국 식당이다.

출처: https://www.mk.co.kr/news/culture/9306179

식민지라는 과정을 통해서 인도와 중국의 여러 가지 문물과 사람들이 들어왔고, 그 사람들과 함께 영국이라는 나라가 마사지된 결과라고 해석할 수 있다. 우리가 왜 미디어에 대해서 공부해야 되는가? "우리가 기획해야 할 것은 콘텐츠가 아니고 오히려 미디어일 수도 있고, 미디어를 기획하는 것이 콘텐츠를 기획하는 것보다 확장 가능성이 더 크기 때문이다."

모든 미디어의 내용은 또 하나의 미디어다

마샬 맥루한이 『미디어의 이해』에서 가장 핵심적으로 주장한 문장을 뽑아 봤다. "모든 미디어의 내용은 또 하나의 미디어다." 즉, 미디어의 내용이 콘텐츠라고 한다면, 콘텐츠가 미디어'라고 하는 것이다. 앞에 이야기했던 '미디어가 메시지다'와도 연결된다. 텔레비전이라는 미디어 안에는 라디오가 들어 있다. 라디오에 영상만 입힌 것이다. 라디오에는 극본이라고 하는 미디어가 들어 있다. 극본을 소리 내어 읽은 것이 라디오다. 극본의 내용에는 각색한 소설 원본이라는 미디어가 들어 있다. 소설의 내용은 글이고, 글의 내용은 말이고, 말의 내용은 생각 아니면 감정이 된다. 생각과 감정의 내용은 무엇일까? 그것은 우리 인간의 뇌 활동이다. 미디어를 쭉 파고 들어가면 그 맨 아래에 인간의 신체가 있다. 그래서 모든 미디어가 인간의 확장이라고 하

08 기획자를 위한 미디어 이론

는 주장이 연결된다.

〈마이 리틀 텔레비전〉은 미디어 학자들이 관심 있게 지켜보는 프로그램이었다. 〈마이 리틀 텔레비전〉은 1인 방송이고, 1인 방송은 TV보다 더 진보된 미디어의 형식이다. 올드 미디어인

TV를 벗어나 새롭게 생겨난 미디어가 인터넷방송이다. 〈마이 리틀 텔레비전〉은 유튜브를 통해서 1인 방송하는 것을 다시 텔레비전으로 끌고 왔다. 텔레비전 내용에 새로운 뉴미디어를 가지고 들어왔기 때문에 독특한 형식의 프로그램이다. 미래의 발전 방향을 역으로 가져와서 새로운 텔레비전을 만들었기 때문에 재밌는 프로그램이다. 〈마이 리틀 텔레비전〉의 내용은 결국 1인 방송이다. 나의 강의를 들었던 한 학생(김가경)이 다음과 같이 설명했다. "나는 미디어 속에 미디어가 있다는 맥루한

미디어 안에 또 다른 미디어가 들어 있는 은유로서의 마트료시카

모든 미디어의 내용은 또 하나의 미디어다

의 주장을 보고서 러시아 목재 인형인 마트료시카가 떠올랐다. 인형 안에 또 인형이 있는 것처럼 미디어 안에 또 다른 미디어가 있는 것이다. 그래서 미디어에 대한 이 주장을 마트료시카에 빗대어도 괜찮다고 생각한다."

아주 적절한 비유다. 앞으로 생겨날 미디어는 지금 발전된 가장 최신의 미디어를 자기의 내용으로 삼은 미디어가 될 거라고 예측한다. 따라서 새로운 콘텐츠를 만들려 고민하는 것보다도 새로운 미디어를 만들려고 고민하는 것이 훨씬 더 확장적이라고 할 수 있다.

〈다큐멘터리 3일〉은 미디어일까, 콘텐츠일까? 미디어이기도 하고, 콘텐츠이기도 하다. 〈놀면 뭐하니〉도 역시 마찬가지다. 이런 여러 가지 프로그램들이 미디어와 콘텐츠적인 기능을 동시에 수행한다고 하는 인식을 가지고 만든 프로그램이라는 것을 알 수 있다. 유튜브는 구글의 중요한 콘텐츠다. 유튜브라고 하는 미디어 안에는 수많은 크리에이터들의 채널들이 들어 있다. 또한 채널 안에는 수많은 클립이 들어 있다. 이 각각들이 콘텐츠가 되기도 하고, 미디어가 되기도 한다. 이렇게 미디어와 콘텐츠의 관계가 분리적이고 서로 배타적인 것이 아니다.

『콘텐츠의 미래』에서도 '콘텐츠의 미래는 연결에 달려 있다'라고 설명하고 있다. 대표적인 사례가 '노르웨이 십스테드'라고 하는 미디어그룹에 대한 이야기이다. 이 그룹은 온라인 광고를 위해서 수많은 지역 신문들을 모아 핀이라는 일종의 미디어를

08 기획자를 위한 미디어 이론

만들었다. 이를 통해서 온라인 광고를 송
출해 큰 성공을 얻었다. 노르웨이 일간지
『VG(Verdens Gang)』에서는 킬러 콘텐츠
를 만들기보다는 사람들이 미디어에게
자신의 생각이나 사건들을 제보할 수 있
는 일종의 미디어로서의 역할에 초점을
맞춰서 성공을 거두었다. 따라서 중요한
것은 연결이고, 이러한 경향들은 점점 커
질 것이라는 게 미디어에 대한 이론을 통
해서 얻게 된 인사이트다.

    앞서 맥루한이 미디어가 인간의 확장이라고 했는데, 인간의

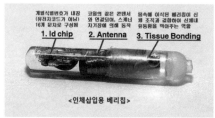

인간의 몸을 떠난 미디어가 다시 인간의 몸으로 돌아오고 있다.
출처: https://cm.asiae.co.kr/article/2018062212592804104, https://sylee560225.
tistory.com/1616

몸을 떠난 미디어가 다시 인간의 몸으로 회귀하고 있다. 구글 글래스나 여러 가지 웨어러블 컴퓨터와 같은 것들이 인간의 몸에 점점 더 가까이 다가오고 있다. 홍채 인식 기술이나 칩 같은 것도 인간의 몸속으로 들어오고 있다. 인간의 몸 자체가 하나의 전자 미디어로 바뀌게 되는 날도 얼마 남지 않은 것이다.

방송사가 콘텐츠를 만드는 집단이어야 할까, 아니면 미디어를 만드는 집단이어야 할까? 콘텐츠 중심적으로만 사고해서는 지금의 위기를 극복해 내기는 쉽지 않을 수 있다. 오히려 하나의 미디어적인 접근법, 미디어적인 사고를 통해서 문제들을 해결해야 하지 않을까? 맥루한의 미디어 이론은 그 대답을 명료하게 해 주고 있다. 이러한 질문은 방송사뿐만 아니라 모든 기획을 하는 조직에 동일하게 적용된다.

참고문헌

Anand, B. N. (2017). 콘텐츠의 미래(Content Trap). 김인수 역. 경기: 리더스북.

Berelson, B. (1948-1949). What 'missing the newspaper' means. Communications Research, 1948-1949, 111-129.

McLuhan, H. M. (1999). 미디어의 이해(Understanding Media). 박정규 역. 서울: 커뮤니케이션북스.

McLuhan, H. M., & Fiore, Q. (2001). 미디어는 마사지다(Medium is the Massage). 김진홍 역. 서울: 커뮤니케이션북스.

08 기획자를 위한 미디어 이론

09
플랫폼과
재매개 이론

플랫폼에 대한 논의가 활발하다. 콘텐츠를 기획하는 데에도 플랫폼에 대한 생각이 쓸모 있지 않을까 해서 콘텐츠 기획에 플랫폼 이론을 적용하는 방법을 소개한다. 더불어 '재매개'라는 개념에 대해서도 설명해 보고자 한다. 먼저 커뮤니케이션의 정의는 무엇일까? 이것은 라틴어의 communicare라는 단어에서 시작된 것으로, '나누다' '공유하다'라는 의미를 가지고 있다. 커뮤니케이션이란 자신의 생각이나 감정이나 주장을 남과 함께 나누는 것이다. 사전에서는 '인간의 의사, 감정, 사고를 전달하는 것'이 커뮤니케이션이라고 정의한다. 나는 커뮤니케이션을 다른 말로 감응(感應)이라고 표현하고 싶다. 정보보다는 느낌을 주고받는 것에 초점을 맞춘 표현이다. 감응은 '함께 느낀다' '내가 준 감정을, 표현한 감정을 다시 돌려받는다'라는 뜻으로 이해할 수 있다. 반복하여 말하지만, 아리스토텔레스의 커뮤니케이션 정의는 설득이라는 것이다. 그는 "커뮤니케이션은 누군가를 설득하기 위한 작업이다."라고 했고, '발화자−메시지−수신자'의 모델을 제시했다.

아리스토텔레스의 커뮤니케이션 모델

데이비드 벌로(David Berlo)는 'Source' 'Message' 'Channel' 'Receiver'로 구성된 'SMCR'이라는 소통 모델을 제안했다.

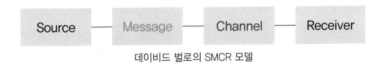

데이비드 벌로의 SMCR 모델

라스웰은 who-says what-in which channel-to whom-with what effect를 구성요소로 하는 SMCRE 모델을 제시했다.

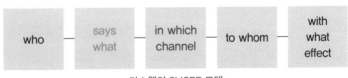

라스웰의 SMCRE 모델

문화연구자 스튜어트 홀(Stuart Hall)은 커뮤니케이션을 cncoding과 decoding의 과정으로 보았고, 한 가운데 text를 상정했다.

홀의 커뮤니케이션 모델

encoding은 부호화의 과정이다. 어떠한 생각을 압축하는 과정이다. 이것을 통해 만들어진 결과가 text이고, 이 text를 다시 해독하는 과정이 decoding의 과정이다. 전화기 두 대가 있다고 할 때, 전화기에서 육성이 전자음으로 인코딩되는 과정을 거쳐서 만들어진 메시지가 다른 쪽 전화에 가서 다시 사람이 내었던 소리로 해독하는 과정이 바로 encoding과 decoding의 과정이다.

플랫폼의 핵심 가치와 법칙

이와 같이 소통의 과정을 검토하다 보면, 플랫폼이라는 존재가 눈에 띈다. 플랫폼이란 미디어의 일종으로, 어떠한 콘텐츠에 접촉할 수 있는 통로라고 이야기할 수 있다. 고전적 의미의 플랫폼은 사람들이 기차를 타거나 내릴 수 있는 공간이다. 플랫폼이 없다면 기차를 탈 수 없다. 집 옆으로 기차 선로가 있다 하더라도 플랫폼이 없다면 기차가 오고가는 것을 지켜볼 수밖에 없고, 기차를 타거나 내리기 위해서 플랫폼이 있는 먼 곳까지 이동해야 한다.

CPND 모델은 플랫폼의 중요성을 담고 있는 일종의 소통 모델로, 각각 Content와 Platform과 Network와 Device를 가리킨다. CPND에서 콘텐츠를 뺀 플랫폼과 네트워크, 디바이스는 모두 다 미디어라고 볼 수 있으니, 모델 속의 구성요소 3/4이 미디어의 속성을 강하게 가지고 있다. 미디어의 중요성이 다시 환기된다. 가령 하나의 게임 콘텐츠에 접속하기 위해서는 게임 포털이라는 플랫폼에 접속해야 하고, 광대역통신망이라는 네트워크와 스마트폰이라는 디바이스가 있어야 가능하다. 기차로 예를 들면, 콘텐츠(C)가 사람이나 화물의 운송이라는 용역이라면, 플랫폼(P)은 기차역이 된다. 네트워크(N)가 철도망이 되고, 디바이스(D)가 KTX라는 차량이 된다.

현재는 미디어와 콘텐츠가 격돌하고 있다. '어느 것이 더 중요한가?'라는 질문에 대한 답은 '탁월한 콘텐츠와 만사형통 플랫폼의 환상적인 결합'으로 수렴되고 있다. 플랫폼이 중요한 이유는 공유와 개방이라는 가치 때문이다. 'GAFA'라고 불리는 구글, 애플, 페이스북, 아마존 이 네 가지의 기업들은 모두 플랫폼 기업적 특성을 가지고 있다. 플랫폼은 공급자와 수용자 등 다양한 플레이어(player)가 콘텐츠를 통해 만나는 공간으로 정의할 수 있다. 플랫폼의 가장 큰 특징은 네트워크 효과로 좁혀진다. 전통적인 미디어 그룹들은 규모의 경제를 추구했다. 규모의 경제는 자본이나 예산을 투입하는 규모가 커질수록 비용이 줄어드는 현상을 말하며, 규모의 이익이라고도 한다. 하지만 오늘날의 세계 미디어 기업들은 규모의 경제가 아니라 수요 측의 규모의 경제(demand-side economies of scale)를 추구하며, 이를 가능하게 하는 것이 바로 '네트워크 효과'다. 네트워크 효과는 특정한 제품이나 서비스 이용자가 다른 사람이 갖게 되는 제품의 가치에 미치는 영향이다. 예를 들면, 스마트폰을 구입하는 사람이 늘어날수록 의사소통을 할 수 있는 네트워크의 수가 폭발적으로 늘어나기 때문에, 스마트폰 가치가 올라가게 되는 것과 마찬가지다. 스마트폰이 처음 나왔을 때, 한 대 밖에 없다면 효용이 크지 않다. 그러나 점점 스마트폰을 쓰는 사람이 늘어나면서 네트워크 수가 늘어나고, 그로 인해서 제품의

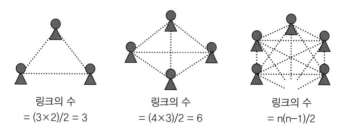

링크의 수
= (3×2)/2 = 3

링크의 수
= (4×3)/2 = 6

링크의 수
= n(n−1)/2

네트워크 가치 = 연결된 네트워크 내의 링크의 수 × 각 링크의 가치

플랫폼의 힘을 보여 주는 메칼프의 법칙

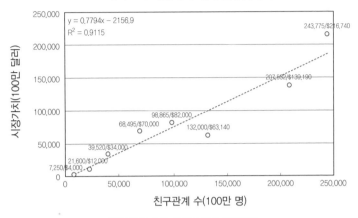

페이스북 시장가치 대비 친구관계 수

$y = 0.7794x - 2156.9$
$R^2 = 0.9115$

243,775/$216,740

207,652/$139,190

98,865/$82,000

68,495/$70,000

132,000/$63,140

39,520/$34,000

21,600/$12,000

7,250/$4,000

시장가치(100만 달러)

친구관계 수(100만 명)

네트워크 수와 시장가치의 상관관계

출처: https://www.venturesquare.net/592704

가치가 커지는 것이 바로 네트워크 효과다. 이것을 메칼프의 법칙(Metcalfe's law)으로 설명할 수 있다.

메칼프의 법칙은 사람의 숫자에 따라서 링크의 숫자가 기하급수적으로 늘어나는 현상을 설명한다. 페이스북의 친구관계 수가 늘어날수록 네트워크 수가 늘어나므로 페이스북의 시장가치 역시 늘어나게 된다.

플랫폼은 공급자와 수요자 등 다양한 이해관계자가 참여해서 각각의 그룹이 얻고자 하는 가치를 거래와 교환을 통해 생성할 수 있도록 구축된 환경이다. 이런 플랫폼의 지속가능성은 참여자들의 연결과 상호작용을 통한 진화와 새로운 가치 및 혜택을 계속 제공함으로써 가능하다. 네이버가 욕을 먹으면서도 언론사들의 뉴스를 입점시키는 이유나, 지식in을 통해서 사람들이 질문하고 대답할 수 있는 구조를 만든 이유, 페이스북이 포스트에 좋아요와 댓글 그리고 공유하기 기능을 넣은 것은 모두 플랫폼으로서 상호작용을 극대화하기 위한 전략으로 볼 수 있다.

방송사들 역시 콘텐츠를 만드는 최고 전문가들이 모인 조직이다. 모든 것을 내부 구성원이 맡아서 제작해야 하는 것이 전통적인 장인 방식이라면, 앞서 '수레바퀴는 30개의 살들이 모여서 가운데로 모인다'는 노자의 설명처럼, 이제는 새로운 플랫폼으로서의 역할을 고민해야 할 시점이다. 방송 PD들의 정의는 다양하지만, 그중 '전문가를 움직이는 전문가'라는 어느 PD의 설명처럼 PD들은 자신이 하나의 플랫폼이 되어 작가, 연기자, 제작진 등 다양한 플레이어들이 자신의 역량을 마음껏 풀어 내고, 그 안에서 성장할 수 있는 기회를 제공해야 한다. 우리가 알고 있는 스타 PD들은 모두 하나의 플랫폼으로서 성공했다고 보아도 틀리지 않는다.

전통적인 미디어를 따를 것인가, 아니면 디지털 플랫폼을 따를 것인가? PD뿐만 아니라 방송사도 마찬가지다. 「방송법」이 가장 중요하게 생각하는 핵심적인 이념은 시청자의 권익을 보호하는 것이다. 그래서 「방송법」 제3조에서는 '방송사업자는 시청자가 방송 프로그램의 기획, 편성, 제작에 관한 의사결정에 참여할 수 있게 해야 한다. 방송의 결과가 시청자의 이익에 합치하도록 해야 된다'라고 규정하고 있다. 이런 것들을 가능하게 하기 위해 '시청자위원회'라는 제도를 통해서 권익 보호를 하고 있다. 그러나 얼마나 실질적인 권익 보호가 되고 있는지에 대해서는 다시 생각해 볼 필요가 있다.

재매개 또는 재미디어화의 논리

'당근마켓'이라는 중고 물품 거래 플랫폼이 인기다. 동네에서 심심찮게 물건을 사고파는 사람들의 모습을 볼 수 있다. 집에 있는 물건을 팔아서 돈을 받는 재미가 쏠쏠하다고 이야기하는 사람이 많다. 플레이어들이 들어와서 자기들끼리 서로 사고팔 수 있게 어떤 공간을 만든 것이다. 그리고 사람들이 많이 이용하기 때문에 기업은 광고나 사람들의 개인적인 정보를 통해서 새로운 부를 창출한다. '당근마켓과 같은 것들이 왜 방송에서는 이루어지지 않았을까?'라는 생각을 해 보았다. 지금이라도 이런 플랫폼들을 본뜨고 수정해서 프로그램을 만들면 어떨까 생각한다. 바로 '재매개 전략'이다. 재매개란 're-mediation', 미디어화된 것을 다시 미디어화하는 것이다. 이것은 재매디어화라고도 설명할 수 있다.

미국의 라스베이거스는 사막에 세워진 카지노의 도시이지만 전 세계의 도시를 테마로 한 호텔로도 유명하다. 각각의 호텔

라스베이거스는 호텔이 테마파크이며,
디즈니랜드는 수많은 콘셉트의 랜드를 가지고 있다.

재매개 또는 재미디어화의 논리

자체가 테마파크라 할 만큼 다양한 놀이기구와 쇼들이 호텔 앞에서 펼쳐진다. 도시이지만 스스로 테마파크를 재매개한 도시가 바로 라스베이거스다.

서로 다른 미디어가 다른 미디어의 장점을 가져오거나 수정하거나 새롭게 해석해 내는 것이 재매개의 과정이다. 디즈니랜드 역시 그 안에 판타지랜드, 웨스턴월드 등 다양한 콘셉트의 공간들이 있다. 테마파크 역시 실제 존재하는 나라 또는 상상의 나라를 재매개해서 새롭게 해석해 낸 결과물이다. 재매개(re-mediation)는 매개를 다시 한 번 더 하는 것이고, '뉴미디어가 새로운 미학을 가지고 있는가'라는 질문에서 시작된 개념이다. 재매개의 개념은 이렇게 정의할 수 있다. 미디어는 기존 미디어에 대해서 경의를 표하거나 경쟁을 하거나 그것들을 수정하면서 발전해 왔다. 미디어의 역사들을 쭉 훑어보면 미디어들이 계속 기존에 있던 미디어들을 다시 재매개해서 발전하고, 또 이것으로 다시 재매개해서 발전해 왔다. '재매개'라는 개념이 어렵기 때문에 나는 '재미디어화'라는 말로 번역해서 쓰기를 제안한다. 맥루한이 말한 "모든 미디어의 내용이 또 하나의 미디어다."라는 주장을 쭉 따라가다 보면, 미디어는 인간의 확장이고, 결국 미디어가 인간의 몸을 재매개해서 지금까지 발전해 왔다는 것을 확인할 수 있다. 또한 '모든 미디어의 내용이 또 하나의 미디어다'라고 한다면, 미디어는 다른 미디어의 내용이 될 수 있다! 앞으로 미디어는 지금 발전한 가장 최신의 미디어를 내용으로 한 미디어가 나올 수 있다는 근거도 여기에서 생긴다. 미디어의 역사는 재미디어화의 과정이라고도 이야기할 수 있다. 모든 미디어는 고립돼서 혼자 발전하는 것이 아니라 기존의 미디어를 참조하거나 차용하거나 개선해서 발전해 왔다.

　데이비드 볼터(David Bolter)와 리차드 그루신(Richard Grusin)이 재매개라는 개념을 제시했다. 책 표지에는 의미심장한 내용이 있다. 책 제목인『Rededication』에 미디어(media)만 주황색으로 글씨가 쓰여 있고, re와 tion는 흰색으로 상자 바깥에 나와 있다. '뉴미디어의 이해'라는 부제는, 이 책이 맥루한의『미디어의 이해』에 오마주를 표하고 있다는 것을 거침없이 드러내고 있다.『미디어의 이해』가 미디어의 역사를 톺아보았다면, 이 책은 뉴미디어를 통해 미디어의 미래를 조망한 것으로 볼 수 있겠다.

　우리가 사용하는 컴퓨터에는 여러 가지 파일이나 휴지통, 아이콘들이 있다. 휴지통 아이콘이 있는데, 이것이 정말 휴지통일까? 아니다. 어떤 파일이나 폴더를 삭제하는 기능적 공간에 휴지통이라고 하는 이름을 붙인 것이다. 마찬가지로 폴더는 실제 폴더가 아니고, 파일들을 모아 놓는 공간이다. 마우스는 클릭하는 도구일 뿐인데, 모양을 본

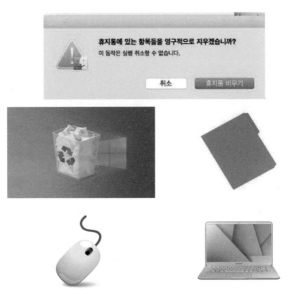

컴퓨터 인터페이스의 이름이 친숙한 것은 재매개의 본질을 보여 준다.

떠서 마우스라고 하는 동물의 이름을 가져온 것이다. 노트북도 소형 휴대용 컴퓨터이지만 노트북이라고 부르고 있다. 왜 이런 컴퓨터 인터페이스 구성요소의 이름들은 기존의 미디어에서 이름을 본떠 왔을까? 새로운 기술을 쉽게 받아들일 수 있도록 기술에 대한 저항감을 줄이는 것이 이 재매개의 기능이라고 설명할 수 있다.

영상 다큐멘터리 장르는 무엇을 재매개했을까? 도큐먼트(document)는 서류, 문서, 기록들을 의미한다. 따라서 documentary는 document라고 하는 문서나 기록, 서류를 재매개했다는 것을 알 수 있다. 물론 이것 때문에 오해가 생기기

09 플랫폼과 재매개 이론

도 한다. '다큐멘터리는 객관적인 장르다'라고 이야기하고 있지만, 다큐멘터리는 이런 것들을 바탕으로 다큐멘터리 작가가 하고 싶은 이야기를 전달하는 서사의 형식이기 때문이다. TV 프로그램들을 보면 재매개를 더 쉽게 발견할 수 있다. 〈PD수첩〉은 제보가 담긴 PD의 수첩을 재매개했다고 할 수 있으며, 〈감성매거진 행복한 오후〉는 잡지라는 매체를 재매개한 것이고, 〈TV 책을 말하다〉는 일종의 세미나를 재매개한 것이다. 〈낭독의 발견〉은 낭독회나 문학의 밤을 재매개했다. 〈TV 동화 행복한 세상〉은 동화책을 재매개한 것이다. 〈무엇이든 물어보세요〉는 무엇을 재매개했을까? 아마 백과사전을 재매개한 게 아닐까 생각한다. 백과사전을 펼쳐 보면 어떤 것에 대한 답도 다 들어 있기 때문에 백과사전을 재매개한 것이 바로 〈무엇이든 물어보세요〉라고 할 수 있다. 〈아침 마당〉은 사람들이 모여서 얘기하는 동네의 정자나 우물가, 마을회관을 재매개했다. 〈TV 유치원〉은 실제로 유치원을 재매개한 것이다.

재미디어화의 논리와 시뮬라시옹

재매개의 정의는 세 가지다. 첫 번째가 '매개의 매개'라는 정의다. 〈라디오 스타〉는 TV 프로그램이기는 하지만 라디오라는 매체를 재매개한 것이다. 1차 매개가 라디오라고 한다면, 이라디오를 TV 쪽으로 가져온 게 〈라디오 스타〉다. 따라서 '매개한 것을 다시 매개하는 것이 재매개다'라고 설명할 수 있다. 더불어 '모든 매개는 재매개다'라고 설명할 수 있다. 왜냐하면 모든 미디어가 인간의 몸을 매개한 것이고, 그다음 몸을 매개한 것이 또 다른 걸 매개하는 식으로, 쭉 발전을 해 왔기 때문에 '모든 매개는 재매개'인 것이다.

두 번째 정의는, '매개와 실제는 분리 불가능하다'는 것으로, 매개한 것 자체가 현실이라는 개념과 연결된다. 방송에서 '경기가 좋다'거나 '경기가 나쁘다'고 보도하면, 실제 경기에 큰 영향을 미친다고 한다. 경제는 소비주체의 심리에 큰 영향을 받기 때문이다. 매개가 중요하다는 것을 가장 잘 보여 주는 개념이 장 보드리야르(Jean Baudrillard)의 시뮬라시옹이다. 기호는 사물을 반영하지만 사물과의 관계가 점점 약해지고, 급기야 사물과의 관계를 부정하고 기호의 힘이 커지게 되면 '원본 없는

이미지는 실재를 재현한다.(represent)
이미지는 실재를 살상한다.(kill)
이미지의 연속적 단계
① 이미지는 깊은 사실성의 반영이다.
② 이미지는 깊은 사실성을 감추고 변질시킨다.
③ 이미지는 깊은 사실성의 부재를 감춘다.
④ 이미지는 그것이 무엇이건 간에 어떠한 사실성과도 무관하다. : 이미지는 자기 자신의 순수한 시뮬라크르이다.

장 보드리야르의 이미지와 실재의 관계

09 플랫폼과 재매개 이론

기호'가 된다. 다음 이미지에서 알 수 있듯이, 이미지가 실재를 반영하는 단계에서 점차 실재와의 관계를 감추고 결국 무관하게 되어 가는 과정이 시뮬라시옹의 과정이다. 더 자세한 설명은 보드리야르의『시뮬라시옹』을 참조하기 바란다.

세 번째 개념은 '재매개는 개혁이다'는 것이다. 재매개를 뜻하는 단어 remediation의 어원은 remederi인데, 이것은 복구나 치료, 회복을 뜻한다. 따라서 새로운 재매개를 하게 되면, 그것으로 인해서 복구되고 회복되는 큰 변화가 발생하며, 이것은 혁신에 가깝다.

디지털 미디어의 재매개 전략은 두 가지로 나뉘는데, 비매개 전략과 하이퍼 매개 전략이 그것이다.

투명한 비매개와 불투명한 하이퍼 매개 모두
몰입을 목표로 한다는 점에서 동일하다.

출처: https://www.joongang.co.kr/article/23674526#home

비매개란 매개가 없는 것과 같이 투명하게 보이는 전략이며, 하이퍼 매개는 매개를 일부러 과잉해서 보여 주는 것이다.

온통 자막으로 뒤덮혀 있는 일본 예능 프로그램은
하이퍼 매개의 대표적 사례다.

　예능 자막의 과잉된 매개를 하이퍼 매개라고 할 수 있다. 우리가 대상을 투명하게 보는 게 아니라 여러 장치를 통해서 보고 있다는 것을 과도하게 보여 주는 게 바로 하이퍼 매개다. 하이퍼 매개와 비매개의 공통 목표는 놀랍게도 같다. '어떻게 시청자의 몰입을 극대화할 것인가?'라는 지점을 함께 지향하는 것이다. 가령, 내레이션을 예로 생각해 보자. 일반적인 다큐멘터리 내레이션보다 과잉된 내레이션을 넣는 프로그램이 〈VJ 특공대〉다. 한순간도 쉬지 않고 최대한 많은 내레이션을 넣기 위해 성우는 속사포로 내레이션을 한다. 이것이 하이퍼 매개다. 반면, 내레이션이 시청자의 몰입을 방해한다고 생각하여 모두 삭제한 프로그램이 〈지식채널 e〉다. 영상과 자막과 음악 그리고 음향 효과만으로 내레이션 없이도 메시지를 전달한다. 맥루한의 비교대로라면, 밀도가 높은 핫 미디어보다 밀도가 낮은 쿨 미디어에 시청자의 관여가 높아진다. 하지만 시청자의 반응은 그렇지 않다. 내레이션이 꽉 찬 〈VJ 특공대〉나 자막이 가득한 예능 프로그램을 보는 시청자들이 몰입을 하지 않는 것이 아니라는 현실이다. 결국 하이퍼 매개와 비매개 모두 시청자의 몰입을 극대화하려는 전략이다. 방법이 다를 뿐 목표는 같다.

지금까지 재매개에 대해서 알아보았다. 그렇다면 지상파는 어떻게 다른 미디어를 재매개할 것인가? 어떤 플랫폼을 시청자에게 제시할 것인가? 현재 가장 인기 있는 플랫폼은 무엇이고, 방송 콘텐츠는 이 플랫폼을 어떻게 재매개할 것인가? 커뮤니티 기반 중고거래 애플리케이션인 당근마켓을 방송에서는 어떻게 재매개할 수 있을까? 과열된 사교육 시장을 대체할 방송 콘텐츠는 무엇을 재매개하면 탄생할 것인가? 점점 인구가 줄어드는 작은 마을과 작은 학교를 되살리는 데 어떤 재매개 전략을 취할 것인가? 이와 같은 사회적 문제에도 재매개 개념이 새로운 혁신적 접근법을 제시할 것이라 확신한다.

참고문헌

Baudrillard, J. (2001). 시뮬라시옹(*Simulacres et Simulation*). 하태환 역. 서울: 민음사.

Bolter, J. D., & Grusin, R. A. (2006). 재매개(*Remediation*). 이재현 역. 서울: 커뮤니케이션북스.

Van Alstyne, M. W., Choudary, S. P., & Parker, G. G. (2017). 플랫폼 레볼루션(*Platform Revolution*). 이현경 역. 서울: 부키.

10
언어로 콘텐츠
기획하기

대학의 인문학과는 폐과 위기에 몰리는 반면, 사회에서 인문학을 공부하려는 수요는 의외로 높다. 기묘한 간극이다. 인문학을 배우는 것은 필요하다. 하지만 인문학이 왜 삶에 필요한지, 사회적 문제 해결에 도움이 되는지를 알지 못한 채 배우는 것은 막막하다. 반대로 사회적 문제를 해결하는 다양한 방법들이 있지만, 지나치게 기술 중심적 해결방법에 의지하는 것은 한계가 있다. 인문학적 상상력을 적용하여 근원적인 해결책을 발견하는 경우도 적지 않다. 인문학은 사람이 살아온 삶의 무늬를 연구하는 학문이기에 사람의 본성에 대한 이해를 바탕으로 접근하기 때문일 것이다. 동물과 사람을 구분하는 여러 요소 중에 가장 두드러진 것이 바로 언어다. 이 장에서는 언어가 콘텐츠 기획에서 왜 중요하며, 언어를 통해서 기획할 수 있는 방법은 무엇인지 살펴보고자 한다.

언어가 가지고 있는 막강한 힘

일본의 예술섬 나오시마의 상징인 지추미술관

출처: http://benesse-artsite.jp/en/

　사진은 일본의 예술섬 나오시마에 있는 지추미술관(地中美術
館)이다. 안도 다다오(安藤忠雄)가 설계한 작품이다. 땅속에 묻
혀 있는 미술관인데, 왜 지하미술관이라고 하지 않고 지중, 즉
지추미술관이라고 했을까? 지하라는 개념이 하강, 침잠, 더 나
아가 죽음이나 정적 등 무거운 분위기를 풍기는 것을 피하기 위
해 지중이라는 단어를 사용했고, 이는 색다른 공간을 상상하게

10 언어로 콘텐츠 기획하기

해 주는 힘이 있다. 지상도 지하도 아니고 땅의 한가운데에 있
는 미술관, 게다가 그곳은 산업폐기물이 쌓였던 과거를 가지고
있기에 의미가 더욱 증폭된다. 오래된 목욕탕을 미술관으로 만
든 오타케 신로(大竹伸朗)의 'I love 湯'도 있다. '탕' 자가 일본 말

대중탕을 미술관으로 개조한 'I love 湯'
출처: https://benesse-artsite.jp/art/naoshimasento.html

언어가 가지고 있는 막강한 힘

로는 '유'이기 때문에 일본어 발음으로는 '아이 러브 유'가 된다. 이것 역시 언어적인 재미를 고려한 제목이다. 관람객은 목욕을 하면서 그곳에 설치된 미술품을 관람하는 의외의 경험을 할 수 있다. 산업폐기물로 신음하던 섬에 미술을 입히니, 연 50만 명 이상이 방문하는 관광의 섬으로 바뀌었다. 나오시마는 예술섬

조성룡 건축가가 설계한 선유도 공원
출처: 한국관광공사, https://opengov.seoul.go.kr/mediahub/23235383

10 언어로 콘텐츠 기획하기

으로 지향성을 확실하게 하였고, 방문객은 섬을 방문하는 것만
으로도 예술에 휩싸이는 독특한 경험을 하게 된다. 예술적인 경
험이 필요한 사람들은 이 섬을 방문하여 머무는 것만으로도 예
술에 푹 젖을 수 있다. 전 세계의 젊은이들은 나오시마로 이주
해서 카페, 민박 등 관광 인프라를 유지하며 거주하고 있다. 예
술로 방문객을 끌어들이고, 주민의 삶을 예술과 혼융시키자 밀
도가 생긴 것이다. 이 밀도는 중력을 가지게 되고, 먼 나라에 사
는 젊은이들을 이 섬에서 일하며 머물도록 만들었다(김병희, 김
신동, 홍경수, 2022).

　한국 역시 근대 산업유산들을 부수지 않고 보존하는 시도를
하고 있다. 선유도는 옛날에 정수장이었던 시설들을 없애지 않
고 흔적들을 남겨서 독특한 공원으로 만들었다. 조성룡 건축가
의 작품이다.

　영국 런던에는 '테이트 모던(Tate Modern)'이라는 미술관이
있다. 화력발전소를 2000년에 미술관으로 탈바꿈시켜 지역경
제를 살린 현대미술의 처방이라는 신화를 썼다. 미술이라는 장
르에서 프랑스나 이탈리아 등에 비해 뒤쳐져 있었던 영국은 테
이트 모던 미술관의 설치로 현대 미술의 중심으로 부상했다.
때마침 미술품 컬렉터인 찰스 사치(Charles Saatchi)의 큐레이션
으로 세계적 미술가로 급부상한 yBa(Young British Artists)들이
쏟아져 나왔다(임근혜, 2019).

테이트 모던은 영국을 미술 강국으로 바꾸어 놓았다.
출처: https://www.tripadvisor.co.kr/

　내부가 비어 있기 때문에 대형 작품을 전시할 수 있는 특징이 있다. 라인 강의 기적으로 알려진 독일의 루르 지방 역시 문화도시로 바뀌었다. '졸 페어라인'이라고 하는 에센에 있는 탄광 시설도 근대 산업의 박물관으로 만들었으며, 오버하우젠에 있는 대형의 가스 탱크도 멋진 미술관으로 만들어서 새로운 문화적인 기지로 사랑받고 있다. 비엔나에 있는 가스 탱크 역시 사람들이 직접 거주할 수 있는 아파트와 생활 시설로 리노베이션해서 새롭게 도시를 재생했다.

산업 시설인 가스 탱크가 미술관과 생활시설로 바뀌었다.
출처: https://www.fotocommunity.de/photo/oberhausen-gasometer-rhein-herne-kan-horst-w-buehne/15923138, https://www.atlasobscura.com/places/gasometer-town

왜 독일의 고속도로는 아우토반인가?

독일의 고속도로를 아우토반(Autobahn)이라고 하는데, 고속
도로가 어떻게 철도와 연결되었는지 설명하고자 한다.

독일 아우토반에는 없는 것들이 몇 가지 있다. 그중에 한 가
지가 톨게이트다. 그래서 고속도로를 올라타게 되면 독일 전
역을 멈춤 없이, 요금 지불 없이 갈 수 있다. 반(Bahn)은 철도를
뜻한다. 철도처럼 멈추지 않고 흘러가는 것이 고속도로의 본질
이다. 이름에 본질이 설명되어 있고, 반대로 본질은 이름을 통
해서 드러나기 십상이다. 나는 가족들과 함께 독일 북부에 위
치한 항구도시 함부르크에서 덴마크 코펜하겐으로 간 적이 있
다. 지리상 11시 방향으로 거슬러 올라가서 오른쪽으로 휙 돌

아우토반에는 속도 제한은 있지만, 톨게이트는 없다.

아야 한다. 함부르크에서 기차를 탔는데 커피가 먹고 싶어 매점에 갔더니, 직원이 "커피는 다 떨어졌다. 배를 타면 커피를 살수 있을 것이다."고 답했다. 배를 탄다는 말이 의아했다. 고속철도를 탔는데, 무슨 배를 탄다는 말인가? 기차표만 끊었지, 배표는 구입도 하지 않았는데…… 궁금증이 커져 가기만 했다. 기차가 항구에 도착하고는 그대로 커다란 화물선 안으로 들어간다. 정말 기차가 배를 탄 것이다. 승객들은 모두 하차하고 갑판

함부르크에서 코펜하겐으로 가는 고속열차는 도중에 배를 타고 바다를 건넌다.

10 언어로 콘텐츠 기획하기

에 올라가서 가벼운 식사를 했다. 40여 분 뒤, 덴마크 항구에 도착하기 전 기차에 올라탔고, 배는 다시 지체 없이 코펜하겐을 향해 달렸다. 거리를 단축하기 위해 기차를 배에 실은 것은 알겠지만, 잠깐 동안의 멈춤 없이 곧바로 배를 타고 다시 배에서 나와 달리는 고속열차를 보며, 독일에서 기차는 멈추지 않는 존재이자 끊임없이 달리는 존재라는 원초적 의미를 되새길 수 있었다.

언어의 선험성, 타자성, 주술성

인간에게 '말'이란 무엇일까? 막스 피카르트(Max Picard)라고 하는 학자가 이렇게 이야기했다. "여러 가지 매체가 등장하고 있지만 말과 동거하는 인간의 능력만큼은 대체물을 찾기 쉽지 않다." 즉, 말과 인간의 관계는 아무리 기술이 발전하더라도 결코 없어지지 않을 것이라는 뜻이다. 영화 〈Her〉에서는 미래 시대의 인간이 사랑하는 모습을 보여 준다. 주인공 테오도르는 '사만다'라고 하는 AI와 대화를 주고받는다. 아무리 미디어가 발전하고, 인간의 기술이 발전한다고 하더라도, 말을 주고받거나 글을 쓰는 능력은 계속 인간과 함께할 것이다. 현상학을 주창한 메를로 퐁티(Merleau-Ponty) 역시 "언어가 외부에서 학습이 되는 게 아니라, 인간의 몸속에 내재되어 있다."라고 설명한

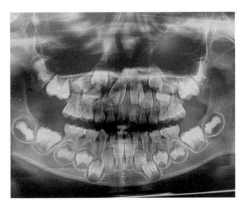

언어의 선험성을 보여 주는 사진
아이들은 태어날 때부터 영구치를 가지고 태어난다.
출처: https://komazawa-dental.jp/blog/1205/

다. 이를 언어의 선험성이라 한다. 구조주의 언어학자 소쉬르 역시 인간에게 여러 가지 언어와 언어의 여러 가지 구성요소가 있는데, 랑그(langue)와 파롤(parole)이 중요한 요소라고 했다. 랑그는 문법을, 파롤은 개인적인 발화를 지칭하며, 이 둘을 합쳐서 랑가주(langage, 언어활동, 언어체계)라고 말했다. 치과에서 어린아이의 치아를 엑스레이로 찍어 보면 유치 아래 영구치 씨앗들이 옥수수 알맹이처럼 기다리고 있는 것을 볼 수 있다.

인간에게 언어가 내재되어 있다는 사실을 이 사진이 잘 설명한다. 인간이 태어날 때 언어를 사용할 수 있는 능력이 몸에 장착된다. 만약에 우리가 한국에서 태어난다면 한국어를 하게 되는 거고, 미국에서 태어나면 영어를 하게 된다. 즉, 인간의 능력으로서 랑가주가 우리 몸에 장착이 된 채로 태어난 것이다.

10 언어로 콘텐츠 기획하기

언어의 선험성에 이어 두 번째 특성은 언어의 타자성이다. 타자성은 동떨어져 있는 무언가의 특성이다. 우리는 물질적인 세계에 살고 있지만 우리가 살고 있는 또 다른 세계는 언어로 구성되어 있는 세계다. 언어로 구성되어 있는 세계는 물질 세계와는 동떨어져 있는 세계다. 따라서 흥미롭게도 언어가 자신만의 가공의 세계를 만들어 낼 수 있다. 우리가 상상할 수 있는 모든 것들은 언어로 만들 수 있다. 물론 언어 없이도 상상은 할 수 있다. 다만 언어가 있기 때문에 우리의 상상이 더 정교해지고, 복잡해지고, 미묘하고, 섬세해지는 것이다. 이것이 바로 '언어의 타자성'의 효능이다. 우리가 살고 있는 이 세상은 언어로 구축되어 있고, 우리는 언어적인 VR(Virtual Reality)을 통해서 살아간다. 우리가 알고 있는 모든 사물에는 이름이 있고, 그 이름에는 각각의 의미가 있으며, 이 의미를 넘어서는 또 다른 개념이 있고, 이 개념들을 통해서 의사소통을 한다. 지금 내가 전달하고 있는 모든 지식과 정보도 글자라고 하는 언어로 구성되어 있다. 기획에 대해 언어라는 VR을 통해서 우리는 만나고 있는 것이다.

우리는 책을 읽을 때 함께 존재함을 깨달을 수 있는데, 책을 읽으면서 다른 사람의 생각에 공감하기 때문이다. 실제로는 만날 수 없는 최고의 학자도 그의 글을 통해서 만날 수 있으며, 같은 공간에 있는 것처럼 호흡할 수 있는 것이다. 『공부의 철학』을 쓴 지바 마사야(千葉雅也)라는 일본의 젊은 철학자는 이렇게 이야기한다. "자신을 새로운 언어에 노출시키는 것만으로도 다양한 가능성이 구축된다. 그리고 새로운 세계에 들어갈 수 있다." 새로운 기획을 하려면 언어에 대해서 민감해져야 된다고 하는 게 그의 주장이다. 한국어에도 다양한 지역의 말들이 있는데, 단어들의 깊은 의미에 대해서 잘 모르고 넘어가는 경우가 흔하다. 지역의 언어들을 잘 아는 것만으로도 새로운 세계에 들어갈 수 있다. 우리가 독일어를 알게 되면, 독일어를 알지 못했을 때는 상상할 수 없었던 새로운 생각들을 하게 된다. 독일어라는 VR로 된 또 다른 세계가 존재하기 때문이다. 인터넷을 사용하기 전에는 물질 세계만 알아도 충분했지만, 인터넷의 등장 이후 가상세계인 온라인 세계를 이해하지 못하고는 세상을 안다고 말하기 어렵게 되었다. 마찬가지로 새로운 언어를 배우면 그 언어가 만들어 주는 새로운 가상세계로 들어갈 수 있는 입장권을 손에 쥐는 것이다. 새로운 언어를 아는 것은 바로 자기 파괴로 이루어질 수 있다. 자기 파괴는 어제의 나를 파괴하는 것이다. 이것이 바로 공부의 목적이라고 지바 마사야는 말한다(千葉雅也, 2018). 나도 더 나은 사람이 되기 위해서 끊임없이 공부한다. 공부의 힘으로 이렇게 책을 쓰고 여러분과 소통하고 있다고 믿는다.

언어의 또 다른 특징은 '주술성'으로, 언어가 신묘막측한 힘을 가지고 있다는 것이다. 언어는 노출된 사람에게도 영향을 미치는데, '미디어가 마사지다'라는 맥루한의 주장을 대입해 보

10 언어로 콘텐츠 기획하기

돈키호테는 말의 이름을 짓기 위해 나흘이나 고심을 거듭했다.

면, 우리가 언어에 노출되면 우리의 감각이 달라진다. 그래서 사람의 이름 역시 중요하다. 한 사람의 이름은 하루에도 수십 번에서 수백 번 불리며, 평생 수십만 번 호명되지 않을까. 그 많은 횟수만큼 우리는 노출되며 감각이 마사지되는 것이다.

『돈키호테』의 저자 세르반테스(Cervantes)는 "좋은 이름 하나는 부를 축적하는 것보다 바람직하다."고 말했다. 소설『돈키호테』에서 주인공은 자신의 말인 로시난테의 이름을 짓는 데 오래 고민했다. "그는 장장 나흘 동안이나 그 말에 어떤 이름을 붙일지 고민했다. 자기처럼 유명하고 훌륭한 기사의 말이라면 그역시 이름이 널리 알려지는 게 당연하다고 생각했다. …… 이제부터 맡게 될 새로운 명령과 임무에 알맞은 이름을 지으면 점차 유명해지고 명성도 얻을 것이기 때문이었다. 이렇게 그는 수많은 이름들을 지었다가는 버리고, 다시 만들었다가는 버린 끝에

마침내 로시난테라고 정했다."(Cervantes, 2015, p. 42)

드라마나 방송 콘텐츠에도 제목이 중요하다. 어떻게 보면 드라마의 운명을 결정하는 요소가 제목이라고 할 수 있다. 〈동백꽃 필 무렵〉이라는 제목은 김유정의 『동백꽃』과 이효석의 『메밀꽃 필 무렵』을 합성해서 만든 것으로 보인다. 한국의 원초적인 정서와 서정성이 드라마에 나타난 것도 이름과 결코 무관하지 않을 듯하다. 우리가 한 프로젝트를 시작해서 끝낼 때까지 프로젝트의 이름은 수백, 수천 번 노출될 것 같다. 때문에 언어의 주술적 특성은 중요하다. 이성적으로는 이해할 수 없는 신기함이 언어에 담겨 있으며, 언어가 의식을 구체화하는 데 중요한 역할을 수행하는 것이다. 언어학자 벤자민 리 워프(Benjamin Lee Whorf)는 "우리가 보는 것은 우리가 이름 붙일 수 있는 것으로 한정된다."라고까지 말했다.

의미론으로 기획한 〈단박인터뷰〉

기획을 하다 보면 기획자의 언어와 스태프의 언어가 달라지는 경우가 많다. 언어의 괴리가 결국 생각의 괴리로 이어지고 콘텐츠가 방향을 못 잡는 경우가 있다. 그래서 기획자의 언어와 스태프의 언어를 통일하는 것, 싱크(synchronization)를 맞추는 것이 중요하다. SSG라고 하는 신세계의 브랜드는 온라인과

10 언어로 콘텐츠 기획하기

오프라인을 넘나드는 까다로운 소비자를 생포하기 위해 나온 결과물이다. '옴니 채널 전략'으로 볼 수 있다. 옴니 채널은 어디에나(everywhere) 다 채널이 있다. 까다로운 소비자들을 생포하기 위해서 온라인에도 덫을 놓고, 온라인에서 도망가 오프라인으로 온 사람들을 위해서 오프라인에도 덫을 놓았기 때문에 소비자가 어디에 있든지 피할 수 없는 채널의 순환 속에 갇히게 된다. '석새각소굿' 이런 이름들은 외계인의 언어라고 볼 수 있고, 이런 것들이 새로움을 극도로 좋아하는 소비자들의 마음에 새롭고, 낯설고, 혁신적인 서비스라는 것을 보여 주는 의도를 가진 것으로 보인다.

앞서 설명했지만, 〈단박인터뷰〉를 처음 기획할 때 편성 본부에서는 〈직격인터뷰〉라고 가제를 붙여 놓았다. 직격이라는 단어의 의미가 누군가를 쏘아 넘어뜨리는 것이기에 좋지 않다는 생각이 들었고, 간단, 노란, 느린, 다른 등 다른 여러 단어를 대입하다가 단박이라고 하는 단어와 만났다. 프로그램 제목에 따

〈단박인터뷰〉 홈페이지 화면
말뜻을 따라서 기획한 콘텐츠다.

라 출연자와 제작의 방식도 결정했다. 출연자들조차도 '화수목(火水木)' 한자 뜻에 맞춰서 화요일 날은 핫한 인물인 정치인, 수요일 날은 물이니까 사회적 이슈의 중심인물, 목요일 날은 쉼이 되는 엔터테인먼트와 스포츠 스타들을 만나는 방식으로 프로그램을 규정했다. 나중에 단어의 의미를 곰곰이 생각한 뒤에 프로그램을 기획했다고 생각하게 되었고 이것을 논문으로도 썼다. 「콘텐츠기획 방법으로서 강제연결법과 의미론의 효용: KBS 〈단박인터뷰〉 기획과정의 자기 문화기술지를 중심으로」 (홍경수, 2018)가 그것이다.

결국 의미론은 말의 의미를 연구하는 학문이다. 단어가 가진 의미를 잘 풀어 놓으면 새로운 기획을 할 수 있다는 것이 의미론이 기획에 주는 중요한 함의다. 식구(食口)의 뜻은 무엇일까? 함께 먹는 입이란 뜻이다. 그리고 한국에서 먹는 것은, 특히 '함께 먹는 것'을 의미한다. 따라서 이런 뜻을 잘 이해한다면, 혼밥하는 20대 사람들이 모여서 함께 밥을 먹는 재밌는 프로젝트를 기획할 수 있다. 학생들에게 '식구'라는 단어로 콘텐츠를 기획해 보라고 과제를 내준 적이 있다. '식구금'이라는 콘텐츠를 기획한 학생들도 있었다. '십구금'과 유사한 발음을 가진 '식구금'은 식구들끼리 해서는 안 될 말을 하는 토크쇼라고 해서 재밌게 들었던 기억이 난다. 수저, 오지랖, 옷깃, 영수회담 다 우리가 각각의 뜻을 잘 모르면서 사용하는 경우가 많기 때문에 그 말뜻을 알게 된다면 새로운 콘텐츠를 기획할 수 있다. '친구'에

10 언어로 콘텐츠 기획하기

서 중요한 것은 오랜 세월의 검증이 중요한 핵심 개념임을 알 수 있다. 식빵은 식사를 대신하는 빵, 점심은 점을 찍을 만큼 가볍게 하는 식사 등 각각의 단어의 의미들을 타고 들어가 보면 새로운 콘텐츠를 기획할 수 있다.

말의 뿌리에 기획이 주렁주렁

어원학은 언어의 역사를 연구하는 학문이다. 단어가 가진 뿌리를 쭉 따라가다 보면 새로운 기획을 할 수 있는 것이 어원학의 효능이다.

일본 술인 사케가 한반도에서 건너간 말이라는 주장도 있다. 재일 학자 정대성은 한국의 단어 '삭히다'를 연철하면 '사키다'

일본술 사케의 어원이 우리말 '삭히다'라는 주장도 있다.

출처: https://www.yuzawa-takahashiya.com/products/detail.php?product_id=59,
https://moshimoshi.vn/cach-uong-ruou-sake-khong-say

가 되고, 사케는 '삭힌 것'이라고 하는 뜻이 된다고 주장했다. 방송계에 아직도 일본어의 잔재가 남았지만, 이보다 훨씬 전에 한반도에서 일본으로 문물을 전파하며 단어도 전해졌다. 역사적으로 보자면, 왕인 박사가 일본에 『논어』와 『천자문』을 전달해 줬는데, 그때 같이 데리고 갔던 기술자들 중에 '양조공'이 있었다. 일본에 술을 만드는 기술을 전달해 줬고, 수수허리(須須許理)라는 사람이 일본 술의 조상으로 숭배되고 있다. '식해'와 '식혜' 글자 자체에 여러 가지 뜻이 담겨 있다. 식해는 가자미 등 생선을 밥알과 함께 넣어 발효시킨 것이며, 식혜는 '삭히어 혀이는 것'이라는 뜻을 가진 말로, 한자 혜(醯)는 중국에 없는 한자다. 이것은 그릇 위에 깃발처럼 흐르는 것, 둥둥 뜬 밥알을 상징한다. 이처럼 단어의 어원을 알게 된다면 어원과 관련되어 있는 왕인 박사를 브랜드로 한 왕인 박사 식혜나 왕인 박사 사케도 만들어질 수 있다.

'아마존'이라는 브랜드에는 A부터 Z까지 화살표가 되어 있다. 아마존 강처럼 넓고 긴 온라인 마켓플레이스로, 거의 모든 상품을 다룬다는 것을 강조했다. 연극에서 사용하는 'tragedy, comedy, parody'는 각각 '염소(tragos), 술잔치(komos), 옆(para)'이라는 단어와 노래가 합쳐진 뜻이다. 그리스에서 비극을 공연하는 무대에 염소를 상품으로 놓고 가장 노래를 잘 부른 사람에게 선물로 줬다고 하는 기원이 있다. 코모스는 술잔치이기 때문에 흥청망청하듯 노래 부르는 것을 희극이라고 했다. 옆을 뜻하는 para와 노래(oide)와 합쳐져서 옆에서 노래하는 게 패러디다. 2학년을 가리키는 sophomore는 지혜와 바보가 들어가 있는 말이다. 2학년이 뭘 알 것 같지만, 모르는 것도 많기 때문에 sophomore다. 요즘은 코로나19 때문에 검역이라는 단어가 많이 언급되었는데, 검역의 어원 자체가 40을 뜻하는 이탈리아어나 프랑스어에서 왔다. 그래서 이것이 영어로는 quarantine이라고 하는데, 이탈리아어로는 quaranta, 프랑스어로는 quarate다. 배가 들어올 경우에 항구 밖에서 40일 동안 대기시키고 문제가 없을 때 그제서야 입항을 허락했다. 코로나19가 극성일 때 검역을 위해 14일 동안 격리했었다. 40일과 14일, 연관이 있는 것 같지 않은가? 어원을 알게 되면 이런 것도 프로그램으로 만들 수 있다. 비스킷은 두 번 구운 과자다. 독일어로 Zwieback라고 하는데, 두 번 구워 놓은 것이다. 두 번 구워 습기를 완전히 뺏기 때문에 오랫동안 보관할 수 있어서 대항해 시대에 선원들의 중요 칼로리 공급원으로 역할을 했다. 화약고는 영어로 powder keg이고 keg은 맥주 통이다(小泉牧夫, 2018). 그래서 화약을 가득 넣은 맥주 통인데 화약고(庫)라고 번역되었다. 서울시에서 만든 임대주택의 이름은 '청신호'였는데, 청년과 신혼부부를 위한 홈이라는 뜻으로 청신호라는 이름을 만들었다. 왜 이렇게 제목이 중요한 것일까? 제목은 내용을 규정하고, 방향을 암시하고, 또 사람을 변화시킨다. 언어의 주술성에서 알아봤지만, 이름은 에너지를 방출한다.

〈그것이 알고 싶다〉는 명료한 이름 때문에 장수했고,
〈꼬리에 꼬리를 무는 그날 이야기〉를 탄생시켰는지도 모른다.

SBS의 장수 프로그램 〈그것이 알고 싶다〉의 성공 비결은 이름이다. 〈그것이 알고 싶다〉는 오로지 시청자가 알고 싶어 하는 것에 초점을 맞춰서 방송을 만든다. 만약 〈추적 60분〉과 〈PD수첩〉 그리고 〈그것이 알고 싶다〉에서 일하는 외주 촬영 감독이 있다면, 그는 각각의 프로그램에서 다른 자세로 일할 것임에 틀림없다. 각각의 프로그램이 콘셉트도 다르지만, 무엇보다 이름이 방출하는 에너지의 양상이 다르기 때문이다. SBS의 창의적인 기획인 〈꼬리에 꼬리를 무는 그날 이야기〉는 〈그것이 알고 싶다〉를 오랫동안 만들었던 PD들이 취재 자료를 새로운 방식으로 아카이빙하고 큐레이션해서 만들어 낸 창작물이다.

의미론과 어원학이 중요한 이유는 언어가 인류의 사고가 축

10 언어로 콘텐츠 기획하기

적된 문화유산이기 때문이다. 언어가 사고를 결정하고, 언어가 콘텐츠를 결정하기 때문에 기획자는 의미론과 어원학을 더 알아야 한다. 지금 당장 주변에 있는 국어사전을 가까이하고 외국어도 배우기 시작하라. 다양한 언어들이 주고 있는 의미와 감정과 뉘앙스를 잘 파악한다면 더 나은 콘텐츠를 만들 수 있다고 확신한다.

참고문헌

김병희, 김신동, 홍경수(2022). 보랏빛 섬이 온다. 서울: 학지사.

임근혜(2019). 창조의 제국. 서울: 바다출판사.

정대성(2000). 일본으로 건너간 한국 음식. 김문길 역. 서울: 솔.

홍경수(2018). 콘텐츠기획 방법으로서 강제연결법과 의미론의 효용: KBS 〈단박인터뷰〉 기획과정의 자기 문화기술지를 중심으로. 한국콘텐츠학회논문지, 18(4), 38-47.

Cervantes, S. M. (2015). 돈키호테(*Ingenioso hidalgo Don Quixote de la Mancha*). 박철 역. 서울: 시공사.

Picard, M. (2013). 인간과 말(*Der Mensch und das Wort*). 배수아 역. 서울: 봄날의 책.

小泉牧夫 (2018). 어원은 인문학이다(アダムのリンゴ). 홍경수 역. 서울: 사람in.

千葉雅也 (2018). 공부의 철학(勉強の哲学). 박미정 역. 서울: 책세상.

편집은 PD들이 정말 중요하게 생각하는 제작 과정이다. 이 강의에서는 편집이 무엇인지, 편집에 대해서 여러 학자가 정의한 편집 공학의 이야기와 롤랑 바르트(Roland Barthes)가 이야기한 요약, 연상에 해당하는 정박과 중계를 통해서 편집의 논리에 대해서 살펴보도록 하겠다.

편집은 삼겹살이다, 편집의 3법칙

일반적으로 방송 제작 과정을 세 가지로 나눈다. 기획, 녹화 및 제작, 포스트 프로덕션이라는 편집의 과정이다. 각각의 과정의 비중은 대부분 1/3씩이라고 한다. 하지만 최근 들어 기획의 비중이 커졌고 마찬가지로 편집의 비중도 역시 커졌다. 예능 프로그램에서 특히 편집의 비중이 커졌는데, 그 이유는 예능이 사람을 재밌게 하고, 즐거움의 가치를 뽑아내는 일종의 방법론이기 때문이다. 촬영이 잘 안 되었다 하더라도 편집을 통해서 충분한 웃음과 즐거움을 만들어 내는 능력이 요구되기 때문에 예능에서 편집의 중요성은 더욱 커지고 있다. 편집에 적용되는 여러 가지 법칙이 있다. 내가 현장경험을 통해 개인적으로 추출한 편집의 세 가지 법칙을 소개하고자 한다.

첫 번째는 삼겹살의 법칙이다. 삼겹살이 돼지고기 중에 가장 비싼 이유는 찾는 사람이 많기 때문이고, 사람들이 많이 찾는 이유는 맛있기 때문이다. 삼겹살이 맛있는 이유는 살과 비계가 적절하게 섞여 있기 때문이다. 닭가슴살이 맛이 덜한 이유는 살로만 구성되어 있기 때문에 팍팍해서다. 서더리 매운탕이 맛

삼겹살은 살과 비계가 조화롭게 섞여서 맛있다.

있는 이유 역시 회를 치고 난 다음 뼈에 붙어 있는 살을 가지고 매운탕을 끓이기 때문이다. 살만 넣어 끓인 매운탕은 생각보다 별로일 것이다. 이 세 가지 음식의 사례들을 종합해 보면, 삼겹살의 법칙을 이해할 수 있다.

〈이소라의 프로포즈〉 조연출을 할 때, 녹화를 하고 나면 선배 PD가 녹화 내용을 일일이 받아쓰고 적어서 기록하라고 했다. 출연자의 대사가 기록된 종이를 보며 편집할 수 있는 일종의 그림을 그린다. 말의 끊어짐과 말버릇을 확인하고 그림을 그려서 '이렇게 붙이면 되겠다'라고 짐작하며 편집하곤 했다. 녹화를 하다 보면 NG(No Good)라는 부분도 적지 않게 생긴다. 대부분 프로그램의 핵심적인 내용이 아닐 수 있고, 의도하지 않았기 때문에 실수한 내용일 수도 있지만, 편집 시 NG를 다 빼고 핵심적인 내용만 넣게 되면 프로그램이 닭가슴살처럼 팍팍해진다. 그래서 실수를 하거나 의도하지 않았던 게 나왔을 때 이러한 해프닝들을 담아 넣는 것이 좋다. 그래야 방송본이 삼겹살처럼 촉촉해진다.

두 번째 법칙은 '스트롱 스타트(strong start)'의 법칙이다. 독일에서 구입한 방송 관련 책 『Das stärkste Bild zuerst』의 제목 (가장 강력한 영상을 가장 먼저)처럼 편집에서 기승전결을 생각하며 가장 센 영상을 클라이맥스에 배치하기보다는 가장 먼저 보여 주는 것이 좋다는 것이다. 시청자의 인내심이 더욱 짧아진 OTT의 시대에 이 편집 방침은 더욱 유효하다. 이 법칙은 다른 대중매체에도 마찬가지로 적용된다. 모든 시청자와 수용자는 재미가 없으면 금방 채널을 돌린다. 어떻게 할 것인지는 자명하다.

트레일러는 영화나 TV의 예고편을 얘기하는데, 트럭에서 끌려가는 부분이 트레일러다. 원래는 본 영화의 맨 뒤에 예고편이 붙어서 끌려가는 영상이었기 때문에 트레일러라고 불렀다. 하지만 예고의 효과를 높이기 위해서 영화가 시작하기 전에 앞쪽으로 붙이게 되었다. 그래서 트레일러는 영화 시작하기 전에 앞에 나오는 예고편이라는 뜻으로 사용되고 있다. 스트롱 스타

가장 강력한 영상을 가장 먼저 편집하라는 책

11 편집에도 이론이 있을까?

트를 가장 잘 보여 주는 사례가 KBS 〈다큐멘터리 3일〉에서 '블라디보스토크와 속초를 잇는 여객선 동춘호 72시간'이라는 편이다. 프로그램 전체에서 가장 인상적이고 강력한 영상이 '동춘호'라는 배가 블라디보스토크로 가면서 얼어 있던 얼음을 깨면서 망망대해를 달리는 모습이다. 굉장히 팔이 긴 지미집 크레인을 배 위에 설치하고 배 바깥쪽에서 배가 얼음을 깨는 부분을 촬영하면서 갔다. 이 부분을 짧게 편집하려고 했었는데 김재연 CP는 "이건 중요한 부분이어서 양을 많이 늘려라. 그리고 맨 처음에 넣자."고 제안했다. 편집에서는 가장 핵심적이고, 가장 재미있고, 가장 임팩트가 큰 것은 무조건 앞쪽으로 넣는 스트롱 스타트의 법칙이 유효함을 몸으로 깨달았던 경험이다.

세 번째 법칙은 '리듬의 법칙'이다. 리듬은 강과 약, 이런 힘

트레일러는 트럭 뒤에 끌려가는 화물칸을 의미했다.
예고를 뜻하는 트레일러는 뒤에 있다가 맨 앞으로 옮겨졌다.

의 세기의 변화뿐만 아니라 빠르고 느린 템포의 변화를 포함한다. 스트롱 스타트의 법칙이 좋다고 해서 좋은 것들을 다 앞쪽에만 붙이게 되면 뒤쪽에서 힘이 떨어지기 때문에 콘텐츠가 사람을 끄는 힘이 줄어들게 된다. 음식을 먹는 것과 마찬가지로, 에피타이저로 시작해서 수프나 샐러드를 먹고 앙트레라는 육류를 먹고, 스파게티를 먹은 뒤에 단 디저트를 먹는 식사 코스에도 리듬이 있다는 것을 알 수 있다. 긴장과 이완, 힘을 주는 것과 빼는 것의 강약 조절은 편집에서도 필요하다. 드라마에서도 마찬가지다. 출연자들이 대사로 주고받다가 약간의 사색, 약간의 스케치성, 메이크업 영상들을 통해서 사람들의 생각이 담길 공간을 마련하고, 강약을 조절하며 흐름을 만들어 가는 것이 편집의 리듬을 살리는 방법이다.

편집, 깊어지고 넓어지는 과정

편집을 가리키는 영어단어 'edit'의 라틴어 어원은 'edere'이다. 이 단어의 본 뜻은 '바깥쪽으로 내놓다'라는 뜻으로, '꺼내주다, 스스로 전하다, 출산하다'는 뜻이 다 들어 있다.

커다란 바위는 그 자체가 예술 작품은 아니다. 그런데 조각가나 예술가가 이 바위를 가지고 어떠한 형상을 만들어 내고, 개념을 넣어서 만들어 내면 바위에서 새로운 예술 작품이 빠져

돌에서 조각 형상을 끌어내는 것도 일종의 편집이다.
출처: https://www.prontubeam.com/Detailed-civil-engineering-in-the-network/29

나온다. 이처럼 '꺼내 주는' 것이 바로 편집이다. 질서가 없는 사물로부터 새로운 질서와 개념을 불어넣어 주고, 그것으로부터 새로운 작품을 꺼내는 것, 이것이 바로 편집의 본원적인 의미이다. 편집을 하나의 공학이라는 개념으로 격상시킨 것은 마츠오카 세이고(松岡正剛)다. 그에 따르면 편집 공학이란 인간의 인지활동, 표현 활동, 기억의 메커니즘부터 지식의 조립, 미디어 편집의 이모저모, 컴퓨터 네트워크 기술 편집까지 연구 개발하는 분야다. 결국 인간의 사고와 감정 등 모든 것을 가공하고, 새롭게 변형시키는 과정이 편집 공학이다. 인간의 의식과 인식, 심지어는 나라의 조직이나 스포츠, 음악, 놀이, 게임, 법, 계약, 외교 등 기억의 발생부터 교환을 거쳐 조직의 구조화에 이르는 모든 과정이 편집 공학의 대상이다. 마츠오카 세이고는

편집은 커뮤니케이션이 넓어지고 깊어지는 것이다.

편집을 더 압축적으로 이렇게 정의했다. "그것은 커뮤니케이션이 넓어지고, 깊어지는 과정이다." 이렇게 생각해 보니 떠오르는 이미지는 영어 알파벳 'T' 자다.

가로로 넓어지는 것은 커뮤니케이션이 넓어지는 과정을 형상화한 것이고 아래로 내려가는 것은 커뮤니케이션이 깊어지는 과정을 가리킨다. 넓어진다는 것은 콘텐츠를 둘러싼 배경, 맥락을 고려하는 것을 말하며, 깊어진다는 것은 콘텐츠와 관련된 연상을 통해서 의미를 더 깊고 풍부하게 파고 들어가는 것을 말한다. 가령 사과를 가지고 편집한다면 사과를 둘러싼 여러 가지 배경과 맥락을 고려한다. 인간에게 사과는 무엇이고, 사과가 어떤 영양분을 주고 한국인이 가장 좋아하는 과일은 무엇이었는지, 이런 것들이 사과에 대한 맥락이다. 깊어진다는 것은 사과를 가지고 깊숙이 파고 들어가서 여러 가지 연상을 통해서 새로운 의미들을 만들어 내는 것을 말한다. 지금 떠오르는 것은 원숭이 엉덩이는 빨갛고, 빨간 건 사과라는 노래 가

11 편집에도 이론이 있을까?

사다. 이것도 사과라는 콘텐츠, 사물을 가지고 새롭게 연상해 나가는 놀이다. 한 사물을 가지고 그 사물의 의미를 깊숙이 연상해서 파고 들어가는 것을 바로 '커뮤니케이션이 깊어진다'고 표현한다. 커뮤니케이션이 넓어지고 깊어진다는 표현은 소쉬르의 언어구조 설명 개념인 통합체와 계열체와 연결된다. 소쉬르는 말 연쇄에서 나타날 수 있는 언어 기호의 모든 결합을 통합체(syntagme)라 부르고 통합체를 구성하는 언어 기호들 사이의 관계를 통합체적 관계(rapports syntagmatiques)라 부른다. 반면에 계열체란, 발화체를 구성하고 있는 단위들 상호간에 대체 가능성이 있는 잠재적 관계를 유지하는, 단위들의 집합들에 의해 구축된다. 계열체들의 잠재적 성격을 고려하면, 실제로 하나의 표현의 실현은 다른 표현의 상반적 실현을 배제한다. '나는 어제 학교에 갔다'는 문장은 통합체적으로 연결되며 하나의 행위를 완성시킨다. 반면 나라는 단어는 대체 가능한 수많은 가능성, 즉 너, 우리, 너희, 그, 그녀 등으로 대체될 수 있다는 측면에서 하나의 대안이다(한국문학평론가협회, 2006). 통합체와 계열체의 관계 역시 T자형의 양상을 띠고 있다.

편집술은 단순히 정리하는 것이 아니다. 녹화한 것에 NG를 빼고 다른 영상을 추가한다고 해서 편집이 되는 게 아니다. 편집은 정보를 새롭게 만들어 내는, 즉, 창발해 내는 기술이다. 창발성이란 어떤 경우에 직면했을 때 드러나는 뛰어난 창조성이다. 마츠오카 세이고는 편집술은 'creativity'라고 설명하며,

21세기가 편집의 시대인 이유는 인간과 관련되어 있는 거의 모든 분야가 어느 정도 기초적인 지식의 체계를 갖추었기 때문이라고 설명한다. 정치, 경제, 사회, 문화, 역사, 문학, 음악, 미술 다 어느 정도 체계는 갖춰져 있으며, 이제는 그 요소들을 어떻게 연결하고, 새로운 관계들을 발견하느냐가 중요해진 시기라는 것이다. 방송이 고도화되면서 편집의 중요성이 재발견되는 것도 마찬가지의 이유일 듯하다. 마츠오카 세이고는 이것을 '새로운 대각선의 발견'이라고 설명한다. 즉, 대각선은 자기 바로 옆이 아닌 자기와 떨어져 있는 새로운 점과 연결해서 새로운 관계를 만들어 내는 것을 말한다.

대각선의 수를 구하는 공식은 'n(n-3)÷2'다. 마츠오카 세이고의 대각선은 '점을 연결하기(connecting dots)'라는 스티브 잡스(Steve Jobs)의 주장과 연결된다. 대각선은 자신과 가장 근접해 있는 점과는 만들 수가 없다. 이미 선으로 연결되어 있기 때

$$d = \frac{n(n-3)}{2}$$

대각선은 바로 옆의 점과는 연결될 수 없다.
낯선 것과의 만남에서 새로움이 탄생한다.

11 편집에도 이론이 있을까?

문이다. 가까운 점들을 넘어서서 낯설고 동떨어진 점과 연결할 때 비로소 대각선이 연결된다. 대각선은 연결되기 전에는 우리 눈에 보이지 않는 하나의 가능성일 뿐이다. 편집 역시 아직 보이지 않지만 연결될 수 있는 다양한 가능성을 찾는 과정이라는 점에서 대각선을 발견하는 것이다.

요약과 연상=정박과 중계

영상 편집은 요약과 연상을 하는 작업이기도 하다. 요약은 여러 가지 내용을 압축적으로 줄이는 것을 말하고, 연상은 눈에 보이지 않지만 콘텐츠가 가지고 있는 가능성들을 다른 것과 연결하여 확장하는 것이다. 요약은 정보가 가지고 있는 특징을 최대한 간결하게 정리한 것이고, 연상은 주어진 정보로 또 다른 정보를 이끌어 내는 것이다. 요약이 빼기라고 한다면, 연상은 곱하기라고 한다. 요약이 소극적 편집이라면, 연상은 적극적인 편집이다. 이것을 보면서 롤랑 바르트가 이야기한 '정박: 중계'라는 개념이 떠올랐다.

구조주의 기호학자 롤랑 바르트는 영상과 언어와의 관계를 정박과 중계라는 개념으로 정리했다. 정박은 이미지가 다양한 의미를 가지고 있다는 이미지의 다의성과 밀접한 관련이 있다. 우리가 어떤 이미지를 본다면, 어떻게 해석해야 할지 막막한

롤랑 바르트의 정박과 중계의 의미 비교

	이미지	속성	의미	비고
정박	닻	고정	여러 의미 중 고정	정보는 게으름
중계	릴레이 배턴	이동	보이지 않는 의미를 언급함으로써 전달함	정보는 값비쌈

느낌이 들기 쉽다. 이미지에 자막이나 글자가 들어간 이유는 여러 가지 의미 중에 한 가지 의미를 고정시켜 주기 위해서다. 그래서 이미지의 정박이라는 기능은 일종의 배의 '닻(anchor)' 과 같다. 파도의 움직임에 의해서 배가 떠내려가지 않도록 고 정시켜 주는 것이 닻이기 때문에 정박은 이미지의 의미가 흔들 리지 않게 고정시켜 주는 기능을 말한다. 반면, 중계는 이어달 리기를 할 때 먼저 달린 선수가 다음 선수에게 건네 주는 배턴 (baton)을 연상케 한다. 고정이라기보다는 이동하는 성격을 가 지고 있다. 우리가 가지고 있지 않지만, 또 다른 주자에게 배턴 을 넘겨 주듯이 의미를 새롭게 연결해 주는 생산적인 활동이 다. 정박의 정보는 게으르다고 할 수 있고, 중계에서 정보는 값 비싸다고 표현한다. 예를 들어, 다음 사진이 어떠한 의미를 던 져 준다고 생각하는가?

이 사진에 대해 느끼는 것들을 다 적은 뒤에 하나의 의미를 고른다면, 의미를 정박하는 것이다. '부유한 여유가 느껴지고, 한국적인 것이 아닌 이국적인 느낌이 나고, 잘된 디자인이다' 라는 느낌 중에 하나를 고른 것이다. 만약에 중계한다면, 이 이

11 편집에도 이론이 있을까?

미지에는 보이지 않는 새로운 생각들을 연결하는 것이다. 보이지 않지만, 이 집은 머지않아 허물어지고 사라졌다면 보이지 않는 또 다른 이야기로 연결해 주는 것이다. '이 집을 만든 사람은 일본인 관료였다' '한국 최고의 피아니스트를 배출한 집이다'라는 것들은 지금 보고 있는 이미지의 전후, 프레임 바깥에 있는 이야기들을 연결해 주는 것이기 때문에 이것이 바로 중계에 해당한다. 따라서 정박은 일종의 요약에 해당하고 중계는 연상에 해당한다. 따라서 이렇게 롤랑 바르트의 정박과 중계가 편집에서의 요약과 연상으로 연결된다.

편집과 큐레이션

　편집에는 모드와 패션이 있다. 모드와 패션은 요새 제작 용어로는 '톤 앤 매너' 혹은 '스타일'이라고 한다. 다음에 설명할 아리스토텔레스의 수사학에서도 스타일이 수사학의 중요한 기둥이라고 하는 것을 설명할 텐데, 우리가 어떤 모드와 패션으로 편집을 할 것인가가 편집의 콘셉트라 할 수 있다. 가령 봄이 왔다고 하는 것을 알리기 위해 일부러 식당에 벚꽃을 장식해 놓거나, 샌드위치에도 정성을 담았다는 의미로 포장에 리본 묶음을 하는 경우도 있다.

　어떻게 보면 과대포장일 수도 있고 환경에도 좋지 않지만, 리본이 묶여 있음으로 인해서 샌드위치는 500원가량의 부가가치를 창출해 낼 수 있다. 일종의 편집이다. 학생들이 리포트를 낼 때 리포트에 리본을 묶어서 낸 경우가 있었다. 리본의 효과

무언가 장식을 하거나 의미를 부여하는 것도 편집의 일환이다.

가 있었는지는 학생들 본인이 더 잘 알 것이다.

현재는 '큐레이션의 시대'라고 이야기한다. 정보들을 목적에 따라서 분류하고 배포하는 것을 큐레이션이라고 한다. 지금은 원전보다도 편집된 것을 구입하는 시대다. 『논어』가 너무나 좋지만 『논어』를 곧바로 읽기보다는 이 시대의 나에게 어떤 인사이트를 줄 수 있는지 편집되고 큐레이션된 콘텐츠를 사람들이 돈 주고 구입한다. 즉, 원전 『논어』보다도 『마흔, 논어를 읽어야 할 시간』이나 『오십에 읽는 논어』란 콘텐츠가 호평을 받는 시대다. 이것이 편집이다. 어떠한 지식을 편집해서 필요로 하는 사람에게 시대에 맞게 적절하게 제공하는 것, 그것이 편집이다.

편집의 세 가지의 요소로, 문화와 문맥, 정보의 생김새, 상호 공명이 있다. 문맥은 정보가 놓인 배경, 환경, 좌표, 위치, 콘텍스트다. 한 가지 텍스트와 또 다른 텍스트가 서로 만나면서 만들어지는 것이 콘텍스트다. 맥락이라고도 하고 연관이라고도 표현한다. 두 번째는 정보의 생김새다. 정보가 어떻게 생겼는지, 모양이 어떠한지, 정보의 틀이나 구조, 형상과 형태를 지칭한다. 세 번째는 상호 공명으로, 여러 가지 요소가 합쳐져서 울림을 내는 것, 즉 시너지라든지 박수나 호응, 액션과 리액션이라고 하는 여러 가지 요소의 조화가 상호 공명에 해당한다. 여기서 리액션이라는 용어가 나오니 왜 TV를 리액션의 매체라고하는지 간단히 말해 보자. 영화를 보고 리액션의 매체라고 하지는 않는다. 그런데 TV는 리액션의 매체라고 이야기한다. 아마 그 이유는 영화를 볼 때 우리가 밀폐된 환경에서 화질이 좋은 콘텐츠를 보기 때문에 굳이 리액션을 보이지 않더라도 그 콘텐츠에 충분히 들어가서 이해할 수 있기 때문일 것이다. TV 매체 자체는 맥루한이 이야기한 것처럼 쿨 미디어로, 화소가 낮다는 의미뿐만 아니라 이 콘텐츠를 소비하는 환경 자체가 식사를 하거나 음식 준비를 하면서 TV에 집중하기 어려운 환경도 더해진다. 스토리에 깊숙이 들어가기 위해서는 시청자를 대신하는 관객 그리고 주인공의 액션에 대해서 리액션을 보이는 상대역이 중요해진다. TV는 매체적인 속성과 수용 환경의 특성 때문에 리액션의 매체라고 불리는 듯하다.

그림으로 요약하라, 도해화

요약 편집에는 총 여섯 가지의 종류가 있다. 중점화, 윤곽화, 도해화, 구조화, 각본화, 보도화가 그것이다. 첫 번째 중점화는 스토리를 요약한 것이다. 소년소녀문학전집을 그대로 실은 큰 원전을 짧게 압축하는 것이다. 이야기 전체의 골격은 다 살아 있지만 압축한 것이 중점화다. 두 번째 윤곽화는 논지의 아웃트 라인에만 초점을 맞춘 것이다. 주요한 개념을 드러내고 그것을 분기형 네트워크 트리로 표시하고 또 하나의 윤곽화는 시

각적인 편집으로, 선명한 손으로 그린 캐리커처다. 세 번째는
도해화다. 도해는 그림으로 설명한다는 뜻이다. 일본에서 잘
사용하는 시각 문화 중 하나다. 네 번째 구조화는 논지의 배경
이 되고 있는 사고방식에 관계를 짜 넣는 것이다. 플로우차트
는 기업에서 공정을 표현할 때 많이 사용하는 방식이다. 다섯
번째는 다른 미디어로 교환하기 위한 각본화다. 이것은 OSMU
를 가능하게 한다. 가령 드라마를 만화로 만든다거나 소설을
드라마로 만들 때 콘텐츠를 새롭게 각본화하는 것으로, 영어
로는 'adaptation'이라고 한다. 각본화는 문학과 예술의 발전에
서 중요한 역할을 수행했다. 시각적인 것을 언어로 옮기고, 언
어를 시각으로 옮기는 작업과 밀접하게 연관이 있는 게 각본화

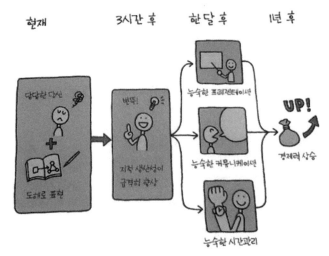

도해화는 디지털 시대의 편집의 중요한 방식이다.

출처: 永田豊志 (2010).

다. 여섯 번째 보도화는 모든 콘텐츠를 뉴스 형식으로 바꾸는 것으로 홍보할 때 많이 사용하고 있다. 이 여섯 가지가 요약 편집의 종류다.

도해의 장점을 간단히 설명하자면 요새 TV 매체에서는 자막과 CG를 많이 사용한다. 드라마 세트도 특수영상으로 만드는 세상이 되었기 때문에 도해의 중요성이 더욱 커지고 있다. 도해의 장점은 다섯 가지다. 첫 번째 순식간에 전달할 수 있고, 두 번째 친근하게 전달하며, 세 번째 불안을 해소한다. 여기서 불안은 무언가를 몰랐을 때 생기는 감정이다. 도해로 풀어내면 이런 것들이 곧바로 보이기 때문에 불안이 해소된다. 네 번째는 진지하게 받아들이도록 하고, 다섯 번째는 오해를 방지한다. 도해의 순서를 'DTM(Discovery, Transforming, Making)'으로 두문자로 표현할 수 있다. 먼저 우리가 도해를 하려고 하는 포맷을 찾아야 한다. 이미 나와 있는 만화 형식이나 다른 CG 영화의 그래픽 형식을 먼저 찾아야 한다. 다음으로 이것을 사용하고자 하는 콘텐츠에 맞게 변형시킨 transforming 과정이 있다. 마지막으로 완성하는 과정이다. 그래서 도해의 과정을 'DTM'이라고 표현한다. 도해화는 젊은 세대에게 호소력 있는 편집 방식이기에 앞으로 편집에서 도해의 기능이 점점 더 커지지 않을까 생각한다.

11 편집에도 이론이 있을까?

기획을 위한 시소러스 접근법

연상과 시소러스(thesaurus)에 대해서도 설명하고자 한다. 연상은 요약과 더불어 편집의 대표적인 방법이다. 시소러스는 데이터 검색을 위한 색인어 간의 관계를 말한다. 이 단어는 동의어, 반의어, 상위어, 하위어 등 이 전체들을 관계어로 해석할 수 있다. 그리스어 어원을 보면 thesaurus의 원래 뜻은 treasure, 보물 혹은 창고다. 좋은 것들이 모여 있는 보물창고의 형상이다. 따라서 낱말의 덩어리, 낱말이 묶여 있는 한 덩어리, 상자 한 바구니에 단어들이 다 모여 있는 그 모습을 떠올리면 된다. 한 단어와 연결돼 있는 단어들의 뭉치를 시소러스라 할 수 있다. 시소러스는 새로운 콘텐츠를 기획할 때와 편집할 때 매우 중요하다.

여기에 몇 가지 단어들이 나와 있다. 자제, 통제, 조정, 조종, 제어, 컨트롤. 영어의 control을 번역하면 아마 이런 다양한 단어로 번역될 수 있다. 그러나 각각의 단어가 똑같은 의미를 가지고 있지는 않다. 자제와 통제는 결정권이 누구에게 있는지에 따라 다르다. 조정과 조종 그리고 제어나 컨트롤도 미묘한 뉘앙스의 차이를 가지고 있다. 이렇게 의미들의 미묘한 차이에 더 주의를 기울이고, 무엇이 단어들의 차이를 강하게 만드는 것인지 생각해 본다면 새로운 연상을 할 수가 있고, 또 새로운 콘텐츠를 만들어 내기도 하고, 또 새로운 콘텐츠로 편집을 할 수 있다.

어떠한 개념을 가지고 콘텐츠를 기획하고 편집하고자 한다면, 그 단어와 관련되어 있는 반의어, 동의어, 유사어, 상의어와 하의어 등 단어와 관련되어 있는 여러 가지 단어 말뭉치를 검토해 보길 바란다. 내가 정말 만들려고 하는 것이 바로 이 단어인지 스스로에게 자문해 본다면, 생각지도 못한 새로운 편집이 가능할 것이라고 확신한다.

마지막으로 이러한 질문을 던져 보고 싶다. 방송(broadcast)이라는 단어는 '넓게 던진다'라는 단어다. 그런데 방송의 의미를 편집할 수가 없을까? 방송 장비는 점점 바뀌고 있다. 그래서 방송의 의미가 아직도 유효한지 물어볼 수 있다. 좁은 타깃 수용자로 하는 협송(narrowcasting)과 'point to point'라고 하는 1인 방송사와 1인 수용자를 연결하는 점송이라는 새로운 개념들도 생겨난다. 방송의 정의와 개념들을 편집해서 시대 흐름에 걸맞은 콘텐츠를 기획하고 편집할 수 없는지 고민해 보길 제안한다.

참고문헌

한국문학평론가협회(2006). 문학비평용어사전. 서울: 국학자료원.

Schettler, F. (2013). *Das stärkste Bild zuerst: Filmgestaltung für TV-Journalisten*. Mecklenburg-Vorpommern, Germany: Adebor Verlag.

桐山岳寬 (2017). 説明がなくても伝わる図解の教科書. かんき出版.

松岡正剛 (2004). 지식의 편집(知の編集術). 변은숙 역. 서울: 이학사.

永田豊志 (2010). 도해사고력(プレゼンがうまい人の'図解思考'の技術). 정지영 역. 서울: 스펙트럼북스.

佐々木俊尚 (2012). 큐레이션의 시대(キュレーションの時代). 한석주 역. 서울: 민음사.

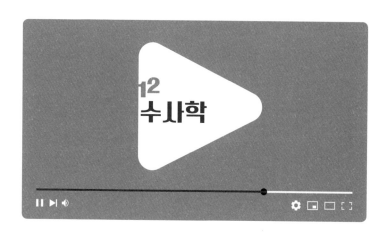

수사학(修辭學)은 말을 닦는 학문이다. 범인을 잡는 학문이 아니고 말을 닦는 학문을 말한다. 재수(再修)했다라고 하면 '두 번 닦았다'라는 뜻이다. 닦을 '수'여서 수사라는 단어는 '말을 닦는다'는 뜻이고, 말을 닦으면 말에 빛이 난다. 말을 어떻게 빛이 나고 윤이 나게 만드는지 고민하는 학문이 수사학이다. BC 5세기에 시칠리아의 도시국가인 시라쿠사에 트라시발루스(Thrasybalus)라는 독재자가 쫓겨나면서 민주 정부가 수립됐다. 독재자가 쫓겨났기 때문에 그동안 빼앗겼던 개인 사유 재산들을 다시 되찾으려는 움직임이 있었다. 사람들은 사유 재산을 둘러싸고 분쟁이 일어나면 해결하기 위해서 법원으로 찾아갔다. 법원에서 배심원들의 결정에 따라서 땅이 자기 것이 되기도 하고, 남의 것이 되기도 했다. 결국 어떻게 남을 설득하느냐에 따라 재산이 왔다갔다했으므로, 남을 설득하는 기술은 사회적으로 매우 중요해졌다. 당시에 수사학을 가르치는 학원들도 많았다고 한다. 스승과 제자의 재미있는 일화가 있다. 강의를 수강한 뒤에 돈을 내지 않는 제자가 있었다. 스승의 고발로 스승과 제자는 법정에 서게 되었다. 스승이 "네가 재판에서 진다면 당연히 돈을 내야 하고, 이긴다 하더라도 돈을 내야 한다. 나에게 잘 배웠기 때문이다."라고 이야기했다. 제자는 반대로 "재판에서 제가 이기면 돈을 안 내고, 만약에 재판에서 내가 진다면 잘 못 배웠으니 돈을 안 내겠다."라고 이야기했다. 그래서 재판장은 화를 내고 두 사람을 쫓아냈다고 한다.

고대의 대표적인 일곱 가지 학문은 문법과 논리학과 수사학을 일컫는 고대 3학문과 음악, 산술, 기하, 천문을 가리키는 고대 4학문을 합친 것이다. 고대 3학문이 말과 언어에 대한 학문이라면, 4학문은 자연의 논리 및 규칙에 대한 학문이다. 고대 3학문이 인문학에 해당한다고 할 수 있고, 4학문은 자연과학이라고 할 수 있다. 조선시대에도 신언서판(身言書判)이 있어서 사람을 판단하는 네 가지 기준으로 활용됐다. 즉, 어떤 사람의 신체와 말과 글 그리고 판단력으로 사람을 판단했다. 현대에도 사람을 뽑을 때 네 가지를 적극적으로 활용하고 있다. 면접은 그 사람의 신체, 용모를 보기 위함이고, 그 사람이 말을 잘 하는지, 그 사람의 판단력이 어떠한지를 살펴보기 위함이다. 필기는 그 사람의 글 쓰는 것이나 그 사람의 판단력을 확인할 수 있는 방법이다. 신언서판은 여전히 유효하다.

수사학의 아버지, 아리스토텔레스

코락스(Corax)가 집필한『수사술(Rhetorike Teche)』이라는 책은 수사학의 효시라고 손꼽힌다. 언론학자들은 수사학이 남을 설득하기 위한 학문이고, 현대의 설득 커뮤니케이션의 뿌리라고 말한다. 수사학은 아리스토텔레스가 BC 330년에 쓴『레토릭(Rhetoric)』이라는 책을 통해 하나의 학문으로 정립되었다. 코락스가 썼던『수사술』과는 달리 수사학을 일종의 기술이 아닌 하나의 학문으로 정립한 것으로, 아리스토텔레스를 수사학의 아버지라 부를 수 있는 근거가 여기에 있다. 아리스토텔레스가 메시지를 어떻게 고안하고 어떻게 전달할지 다섯 가지의 구성요소로 체계화한 것도 바로 수사학을 통해서다.

수사학의 구성요소 첫 번째는 발견과 창안(inventio, invention)이다. 발견 또는 창안은 새롭게 발명하는 것이고 없던 것을 찾아내는 것을 가리킨다. 새로운 증거나 설득의 방법들을 찾아내는 것을 인벤션이라고 한다. 두 번째는 배열(dispositio, disposition)이다. 발견한 구성요소를 어떻게 늘어놓을지, 어떤 순서대로 얘기를 할 것인지에 대한 것이다. 세 번째는 문채(elocution, style)다. 톤 앤 매너, 패션이라든지 어떤 모드로 이야기를 할 것인지에 대한 이야기다. 네 번째는 기억(memory)이다. 아무리 좋은 내용이 있다 하더라도 그것을 기억하지 못하면 법정에서 설득력 있게 제시할 수가 없다. 다섯 번째는 표출과 전달(delivery)이다. 이 다섯 가지가 바로 아리스토텔레스 수사학의 다섯 가지 기둥이다. 표로 만들면 다음과 같다.

발견, 창안	비기술적 (움직이지 않는 증거)	판례, 루머, 자백, 증빙서류, 서약, 증언, 인용
	기술적	로고스(logos)
		파토스(pathos)
		에토스(ethos, 프로네시스, 아레테, 유노이아)

첫 번째 구성요소인 발견과 창안에는 비기술적인 것과 기술적인 것이 있다. 비기술적인 것은 우리가 어떻게 손을 쓸 수 없는 것이다. 움직이지 않는 증거라는 표현도 있듯이, 판례, 루머, 자백, 서류, 서약, 증언, 인용 등은 손댈 것도 없이 그 자체로 남을 설득할 수 있어서 비기술적이라고 한다. 기술적인 것은 로고스, 파토스, 에토스라는 세 가지 부분으로 나뉜다. 로고스는 이성적인 해법, 파토스는 감정적 정서적, 에토스는 공신력을 뜻한다. 공신력은 권위 있는 누구의 명성이나 신뢰를 빌어서 설득하려고 하는 것이다.

두 번째 구성요소는 배열이다. 배열은 나의 이야기들을 설득력 있게 순서를 정하는 것이고 서론, 해설, 논증, 결론의 절차로

		우연성 물리침	단도직입
배열	서론	호의를 획득 주의를 갖게 함	완곡적
	해설	논제+뒷받침 설명	
	논증	귀납적	미괄식
		연역적	두괄식
	결론	요약 및 정리	

나뉜다. 이것은 콘텐츠를 만드는 것과 밀접하게 연관되어 있다. 먼저 서론의 기능은 우연성을 물리치는 것이다. 우연성이란 콘텐츠를 볼 때 수많은 콘텐츠 중에 '왜 하필 당신이 만든 콘텐츠를 봐야 하는지'에 대한 것이다. 이때 서론에서 당신에게는 이것이 필요하다. 『마흔, 논어가 필요한 시간』의 경우 "당신 마흔인지라 이제 사회생활도 힘들고 앞으로 어떻게 하면 내가 성숙한 삶을 살게 될지 고민하는 나이다. 삶의 기로에서 지혜가 필요할 테니, 이 책을 봐라."라고 던져 주는 것이 서론이다. 거기에서 우연성을 물리친다는 것이 이런 뜻이다. 서론은 더불어 호의를 획득하는 것을 목표로 한다. 호의는 대상에 대한 좋은 관심과 좋은 집중으로 연결된다. 심층 인터뷰할 때 필요로 하는 라포르, 즉 호의적이고 선의적인 관계도 실은 호의와 밀접하게 연관이 있다. 좋은 서론은 우연성을 물리치고, 호의를 획득하게 하고, 주의를 끄는 기능을 가져야 된다. 서론은 단도직입적인 방식과 완곡적인 방식으로 구분할 수 있다. 다음으로 해설은 논제와 논제를 뒷받침하는 설명으로 구성된다. '여기에

서 어떤 것을 이야기하고 싶다' '내가 하고자 하는 이야기는 어떻게 구성이 되겠다'라고 하는 것이 바로 해설에 해당한다. 이어서 논증은 귀납법과 연역법으로 구분이 된다. 귀납법은 여러 가지 사례들을 보여 준 다음에 결과적으로 이것들을 요약해서 결론을 내는 미괄식 구성을 한다. 연역법은 삼단논법 같은 것이다. 즉, 대전제를 먼저 정하고, 그 사례들을 보여 주는 방식이다. 마지막으로 결론은 요약과 정리다. 지금 설명한 배열이 앞으로 콘텐츠나 기획안을 만들 때 가장 잘 사용할 수 있는 방법이다.

세 번째 구성요소는 스타일이다. 스타일은 문채(文彩)라고도 번역을 할 수 있는데 정확성, 명확성, 적합성, 화려성 등으로 구분할 수 있다. 정확하고 명확하고 적합하게 표현하는 게 중요하다. 화려성 안에 비유가 있고, 그 비유 안에 은유, 직유, 환유,

문채	정확성	correctness	파란 불	
	명확성	clearness	두어 서너 개, 난시, 썸	
	적합성	appropriateness	첫눈처럼	
	화려성	ornateness	비유	은유
				직유
				환유
				제유
				활유
				과장
			문장 변화	강건체, 건조체, 장엄체, 보통체

제유, 활유, 과장 등 여러 가지 비유법의 용례들이 포함된다. 은유는 수사학의 큰 틀에서 세 번째에 해당하는 문채에 속하고 있고, 문채 중에서도 네 번째 화려성에 포함되고 있다. 그래서 은유가 수사학에서 어디에 위치하고 있는가를 이해하는 것이 중요하다. 그다음에 비유와 문장 변화로 구분된다.

네 번째 구성요소는 기억이다. 기억은 법정에서 주장을 조리 있게 전달하기 위해서 내용을 잘 기억하는 것으로, 방송으로 치자면 녹음이나 녹화에 해당한다. 미디어의 정의가 정보와 지식을 저장하고 전달하는 도구라고 한다면, 사람도 미디어임에 틀림없다. 사람도 정보나 지식을 저장하고 전달하기 때문이다.

다섯 번째 구성요소는 표출, 전달을 말한다. 발음이나 제스처나 표정 등의 동작을 이야기한다. 방송으로 치자면 송출 과정이라고 할 수 있다. 공연, 영화에서는 상영에 해당하는 것이 바로 표출, 전달의 과정이다.

수사학은 어떻게 기획에 도움이 되는가?

일상생활에서 수사학은 긍정적 의미보다는 부정적 의미로 더 자주 사용된다. '그는 수사학적으로 답했다'는 말은 실천의 지 없이 말만 번지르르하게 했다는 의미로 사용하곤 한다. 수사학에서 말을 치장하는 장식적인 기능은 수사학에 체계 속에서 일부분에 지나지 않지만, 수사학이라는 이름으로 통용되고 있는 셈이다. 수사학의 본연의 의미는 어떤 생각을 펼쳐 나갈지 종합적으로 고찰한 학문이라고 볼 수 있다. 따라서 생각과 감정을 어떤 식으로 창안하고 발견해서 어떻게 배열하고, 어떻게 스타일을 꾸미고, 어떻게 저장해서 전달할 건지, 커뮤니케이션 과정에서 콘텐츠를 생각해 내고 전달하는 것에 대한 종합적인 고려가 바로 수사학이다.

앞서 말했듯이 수사학의 기원은 자기가 빼앗겼던 재산을 되찾기 위한 논쟁이 붙었을 때, 법정에서 진술을 통해서 자기 주장을 설득했던 과정에 있다. 수사학의 기원이 보여 주는 함의는 수사학이 정치적인 실천이나 재판적인 실천 그리고 금전과 재산의 다툼에서 시작되었다는 것이다. 수사학은 계급적인 영역의 핵심이라 할 수 있고, 자본의 투쟁의 결과로 생겨난 결과물이다. 이것은 지금도 크게 달라지지 않았다. 사회의 권력이나 자원을 배분하는 역할을 수행하는 것이 정치라고 한다면, 수사학이 가장 필요한 곳이 정치 영역인지도 모른다. 이익을 확보하기 위해 프레임을 만들고 이데올로기를 만들고 신화를 만들어 내서 치열한 담론 투쟁을 벌이는 것이야말로 수사학의 영역이기 때문이다. 수사학은 자본과 권력과 밀접한 연관이 있다. 선배들로부터 모든 프로그램은 선택과 배열의 결과라고 들었는데, 알고 보니 선택과 배열이 아리스토텔레스 수사학의 첫 번째와 두 번째 구성요소인 발견 및 배열과 크게 다르지 않다는 것을 확인할 수 있었다. 편집에서도 기본원리는 선택과 배열이라고 할 수 있다. 어떤 부분을 넣을지 뺄지를 선택하는 과정, 그다음에 만약 넣는다면 이것들을 어떤 순서대로 배치할 건지가 편집의 기본원리다. 구성의 기본원리도 역시 마찬가지다. '콘텐츠가 어떤 구조로 구성되어야 하는가?'라는 질문에 대한 답을 수사학이라는 틀에서 찾을 수 있을 것이다.

야콥슨(Jakobson)이라는 학자가 사람들이 말을 잃어버리는 증세인 실어증에 대한 유형을 두 가지로 구분했다. 첫 번째가 유사성 장애고 두 번째는 인접성 장애다. 유사성 장애는 선택과 밀접한 관련이 있고 인접성 장애는 배열과 연관이 있다. 유사성 장애를 보자면, '나는 예쁜 장미를 샀다'라는 말을 해야 하는데 '장미'라는 말을 떠올리지 못해서 장미를 보고도 '나는 예쁜 국화를 샀다'라고 얘기를 하는 경우다. 인접성 장애는 말의 순서를 정확하게 배치하지 못하는 경우다. '나는 샀다 장미를 예쁜' 이렇게 얘기한다면 이 사람은 인접성 장애를 가지고 있다고 본다. 이 두 가지가 바로 선택과 배열이라는 중요한 기능을 수행하지 못해서 생겨나는 유형이다(서영채, 2013).

그렇다면 수사학을 콘텐츠 기획에서 어떻게 사용할 수 있을까? 나는 기획안을 쓸 때 수사학의 배열을 사용하라고 제안한다. 수사학의 두 번째 구성요소인 배열은 서론, 해설, 논증, 결론이라는 네 가지 단계로 구성된다. 이러한 구조에 따라 기획안을 정리하면 굉장히 설득력 있는 기획안이 될 것이다. 첫 번째,

서론은 영어로 why에 해당한다. 왜 이 기획안이 필요한지, 환경은 어떻게 변화했고, 기존의 콘텐츠들이 충족을 못 시켜 주고 있는 것은 무엇인지, 또 이런 것들을 원하는 사람들이 생겨나고 있는 상황 설명 등을 적는다. 두 번째, 해설은 영어로는 what이고, 무엇에 해당한다. 내가 이 기획에서 무엇을 하려고 하는지, 주제와 콘셉트와 소재를 설명하는 것, 이것이 바로 무엇에 해당한다. 세 번째, 논증은 이 기획이 어떻게 완성될 것인지, 보이지 않는 계획을 설명하는 것이다. 기획은 보이지 않는 개념을 시각적인 시각화(visualization)를 통해서 사람들에게 눈에 보이게 제시해야 성공하기 쉽다. 비전을 보여 주는 것이나 사례나 구성안, 출연자, 특집 기획안들을 보여 주는 것이 바로 논증에 해당한다. 마지막으로 결론은 기획이 완성되었을 때 어떤 기대효과가 생길 수 있는지, 이 기획의 의미가 무엇이고, 이 기획이 가져다줄 수 있는 기대효과가 무엇인지를 설명하는 것이 포함된다. 따라서 기획안의 일반적인 형식도 서론에서는 기획 의도를 설명하고, 해설은 콘셉트나 주제, 편성, 형식을, 논증에서는 구성안이나 큐시트를, 마지막으로 결론으로는 기대효과와 에필로그를 적는 경우가 많다. 따라서 수사학의 배열의 네 가지 단계와 기획안의 형식은 밀접하게 연관된다. 내가 만들고 싶은 콘텐츠 기획안은 무엇인지 생각해 보고, 상상한 것들을 이 기획안의 틀에다가 맞춰서 완성해 보면 좋을 것이다. 그리고 반대로 인기 있는 프로그램을 보고 기획안이 어떻게 되어 있을지를 역기획해 보는 과정도 시도해 보길 바란다.

방송은 영상과 음성으로 구성된 콘텐츠다. 하지만 영상을 쥐어짜면 하나의 단어가 똑 떨어진다. 음성 역시 마찬가지다. 게다가 영상을 지배하는 것은 언어다. 더 명료하고 더 확실하게 시청자에게 다가가는 것은 수사학의 구조를 이해하고 언어를 갈고닦음으로써 가능하다. 수사학이 방송 제작에 주는 함의는 방송은 언어로 구성되어 있고, 언어를 잘 갈고 닦으면 더 좋은 기획과 편집을 할 수 있다는 것이다.

참고문헌

서영채(2013). 인문학 개념정원. 경기: 문학동네.

Aristoteles (2017). 수사학/시학(*Techne Rhetorike/Peri Poietikes*). 천병희 역. 경기: 도서출판 숲.

Guerrero, H., Antonio, J., Tejera, G., & del Carmen, M. (2002). 수사학의 역사(*Historia Breve de la Retorica*). 강필운 역. 서울: 문학과지성사.

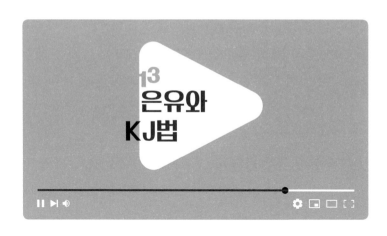

국어 시간에 배웠던 은유라는 개념도 기획에 큰 힘을 발휘한
다. 은유를 연구한 학자 조지 레이코프(George Lakoff)와 마크
존슨(Mark Johnson)은 책『삶으로서의 은유(metaphors we live
by)』에서 은유를 '사물을 다른 종류의 사물의 관점에서 이해하
고 경험하는 것'이라고 정의했다. 따라서 사물을 같은 종류의
사물로 설명하는 것은 은유가 아니다. 두 학자의 견해에 따르
면, '맥주는 술이다'라는 문장은 은유가 아니다. 맥주와 술은 이
미 같은 종류의 사물이기 때문이다. 독일에서는 맥주를 '흐르
는 빵(flüssiges brot)'이라고 부른다. 그 이유는 맥주를 구성하
는 요소가 빵의 재료와 크게 다르지 않기 때문이다. 맥주는 물
과 밀가루와 효모 그리고 홉을 넣어 만들고, 빵은 물과 밀가루
와 효모 그리고 소금을 넣는다. 중세 수도사가 단식할 때 유일

하게 먹어도 되는 음식이 바로 맥주였으니, 단식이라고 말하기 어려울 만큼 맥주의 영양가는 풍부했다. 그러니 '흐르는 빵'이라는 은유는 와 닿을 수밖에 없다.

은유를 만드는 3단계

은유의 공식을 'A=C'라고 규정해 보자. 왜 'A=B'가 아니라, 'A=C'라고 했을까? 'A=B'가 '맥주는 술이다'처럼 굳이 비유하지 않아도 너무나 자명한 설명이라고 한다면, 'A=C'는 '맥주=흐르는 빵'처럼 다른 사물의 관점으로 설명한 것에 해당하기 때문이다. 은유가 중요한 이유는 학문의 궁극적인 목표 중 하나가 유사성을 찾는 것이기 때문이다. 개미 군집을 연구한 동물학자는 '개미 군집이 모계 사회였다' 또는 '부계 사회였다'라고 결론 내릴 수도 있다. 천체를 연구한 천문학자는 '천체가 하나의 커다란 시계다'라고 정의내릴 수 있다. 이것이 바로 한 사물을 다른 종류의 사물의 관점에서 설명하는 방식이다.

은유를 찾기 위해서는 'A=B' 'A≠B' 'A=C'라는 이 세 단계로 나누어 보기를 제안한다. 의미를 만들고 싶다면 어떤 것이든지 먼저 'A=B'라고 규정한 다음에, 이것을 부정하라(A≠B). 마지막에 새로운 종류의 사물에 관점으로 설명하면 'A=C'가 된다(탁정언, 2005).

한동안 초등학생들을 혼돈에 빠뜨렸던 광고 카피가 있다. '침대는 과학이다' 이것도 'A=C'라고 할 수 있다. '침대는 가구다'는 'A=B' 방식이기에 은유가 아니다. '침대는 가구가 아니다'는 'A≠B'이고, 이 단계를 넘어서서 '침대는 과학이다'가 탄생한 것이다. 적금은 일종의 금융상품이다. 따라서 '적금은 금융상품이다'는 정의는 'A=B'다. 이 정의를 부정하게 되면 '적금은 금융상품이 아니다'가 되고, 더 나아가 '적금은 우산이다'는 은유로 발전시킬 수 있다. '앞으로 닥칠지도 모를 위험으로부터 우리를 보호해 주기 때문에 우산이다'라고 은유할 수 있다. 여행 역시 은유적으로 발전시키면 다음과 같다. '여행은 가는 것이다'(A=B), '여행은 가는 게 아니다'(A≠B), '여행은 독서다' 또는 '여행은 선물이다'(A=C) 이것들이 은유이다. 한 학생은 "여행은 가는 것이다. 여행은 가는 것이 아니다. 여행은 오는 것이다. 어떤 도시와 건물들이 우리에게 오는 것, 풍경이 우리에게 오는 것, 이것이 바로 여행이다."라고 독창적으로 설명하기도 했다.

이렇게 은유를 만들어 가다 보면 기대하지 못했던 새로운 개념의 연결들을 만들어 낼 수 있다. 편집에서 이야기했던 새로운 대각선의 발견이 바로 은유를 통해서 쉽게 만들어진다. 포르쉐라는 독일 승용차가 있다. '포르쉐는 승용차다. 승용차가 아니다. 이것은 로망이다.' 운전하고 싶은 사람들의 꿈과 희망이 들어 있기 때문이다.

일본 동경에 식빵으로 유명한 빵집 '센터 더 베이커리'가 있다.

식빵 전문점인 센터 더 베이커리
은유를 활용한 마케팅이 인상적이다.

잡지에 나온 것을 보고 학생들과 찾아가 봤다. 스칸디나비안
스타일의 디자인으로 인테리어되어 있고, 그 안에는 빵 반죽을
만드는 사람들이 실험실에 있는 것처럼 진지한 표정으로 반죽
을 만들고 있었다.

그 아래쪽으로는 토스터 기계들이 다양하게 놓여 있고, 빵을
먹고 싶다면 토스트를 가져다가 자기 취향에 맞게 빵을 구워

먹게 되어 있었다. 직접 주문을 해 보았다. 빵 종류가 세 가지
인데 일본 북해도와 캐나다 그리고 유럽산 밀가루로 만든 식빵
세 가지와 버터를 맛볼 수 있게 되어 있었다.

함께 빵을 먹었던 학생이 한 말이 인상적이었다. "선생님, 빵이
너무 부드러워요. 생선회를 먹는 느낌이에요." 그렇다. 식빵의 부
드러움은 경험하지 못한 촉감이었다. 그 가게 안에는 숯불이 놓
여 있었다. 구워 먹는 궁극의 맛은 뭐니뭐니 해도 숯불이다.

일종의 숯불구이다. 문득 이 식빵집이 은유를 사용하고 있다는 것을 감지했다. 식빵을 생선에 비유를 하고 있는 것 아닌가. 생선회처럼 부드러운 빵의 그 촉감, 이걸 만들기 위해서 노력을 하고 있고, 식빵을 숯불에 구워서 생선구이 맛이 나게 하는 것과 같은 방법을 손님들에게 권하고 있는 것 아닌가.

자동차 산업도 은유 찾기 중

나는 독일 뮌헨에 교환 교수로 있었을 때 독일의 자동차 공장들을 다녀왔었다. 독일의 북부 도시 볼프스부르크에 있는 폭스바겐 공장은 자동차도 전시하는 일종의 자동차 테마파크다. 그 안에는 신차를 보관하는 자동차 탑(Autoturm)이 있었다. 탑 안으로 들어가 봤더니 이제 막 출고된 자동차가 고객에게 인도되기 직전에 보관되고 있었다. 탑 안에서 자동차의 출고는 사람이 하는 것이 아니고 로봇 팔이 자동차를 넣었다 빼는 것이었다. 이 자체도 재밌는 볼거리였다.

자동차 구매 고객 중 희망자는 폭스바겐 자동차 공장(Auto stadt)에 차를 직접 받으러 온다고 한다. 공장 안에는 리츠칼튼 호텔이 있어서 여기에서 머무르면서 자기가 받게 될 자동차가 조립되는 과정을 지켜볼 수 있다. 경험과 체험을 강조하는 마케팅이다. 자동차를 인수인계하는 고객센터가 있고, 이 출고탑

폭스바겐 자동차 공장의 출고탑과 내부

위에 사람 이름과 시간 그리고 창구 번호가 적혀 있었다. 한 부부가 자동차를 받으러 와서 너무나 상기된 표정으로 기뻐하며 자동차를 받아 가는 장면을 보았다.

새로운 차를 받는 것이 막 태어난 아이를 입양하는 것과도 같아 보였다. 폭스바겐은 자동차를 아이라는 개념에 은유시켜서 '자동차는 가족이다'라고 포지셔닝한 것이다. 새로운 가족이 탄생하여 집으로 데려가는 것과 마찬가지로 자동차를 인수하는 과정에 새로운 의미를 부여한 것이다.

자동차를 받기 위해 공장으로 찾아온 부부
흡사 아이를 받으러 온 듯하다.

커피를 대상으로 한 미디어-콘텐츠 스펙트럼 분석

커피	커피 잔	커피 액체	쓴맛, 온도, 향기	재료, 솜씨, 기술	마음	신체로서의 몸
	⟶					
	구매 경험	분위기, 서비스	안온, 청결, 쾌적	장인정신	사랑, 헌신, 고집	슐츠, 프리먼

미디어와 콘텐츠에 대해 설명하면서 은유에 대해서 설명했었다. 커피를 예로 들어 보자. 우선, 커피 잔이 있고 그 안에 커피 액체가 있고, 액체 안에는 쓴맛과 온도와 향기가 있다. 다시 그 안에는 커피 원재료가 있고, 이것을 가공한 장인의 솜씨와 마음이 있으며, 맨 마지막에는 장인의 신체가 있다. 커피를 미디어와 콘텐츠 분화를 통해서 만들어 낸 것들로 연결시키면 새로운 은유가 생겨난다. 커피는 분위기다, 커피는 사랑이다, 커피는 헌신이다, 커피는 슐츠다, 아니면 커피는 프리먼이다. 슐츠와 프리먼은 스타벅스와 블루보틀이라는 브랜드를 만든 사람들이다. 따라서 콘텐츠를 압축하고 압축하면 남는 것을 은유라고 부를 수 있다. 데리야키 치킨 라이스도 역시 각각의 요소들을 파고 들어가면 스위트홈이라고 하는, 가정식이라고 하는, 손으로 만든, 엄마가 만든 등의 은유가 남게 된다. 그 결과 데리야키 치킨 라이스는 사랑이다, 행복한 가정이다, 스위트홈이다와 같은 은유가 만들어진다.

독일 함부르크에 있는 오래된 창고를 리노베이션해서 만든 엘프라는 건물이 있다. 독일 함부르크가 항구도시이므로 항구도시를 상징하는 물결 모양으로 디자인한 엘프필하모니는 도시의 랜드마크가 되었다. 이는 시각적 은유다. 폭스바겐 비틀은 딱정벌레를 형상화해 낸 유비(analogy)의 결과다. 유사하고 비슷한 걸로 같이 연결시키는 외형상의 유사성도 은유가 될 수 있다.

시각적 유사성도 좋은 은유가 될 수 있다.

아이디어의 증폭기, KJ법

    KJ법에 대해서 살펴보겠다. KJ법은 일본의 지리학자인 가와 기타 지로가 개발해 낸 창안법이다. 그의 이름을 따서 KJ법이라고 한다. KJ법에 대해서 이렇게 설명하면 가장 명료할 것 같다. '브레인스토밍+그루핑+네이밍=KJ법' 아이디어를 모으고 더 나아가서 유사한 것들을 범주화하는 것 그리고 각각의 범주에다가 이름을 붙여 주는 것이 바로 KJ법이다. 그림으로 설명하면 다음과 같다.

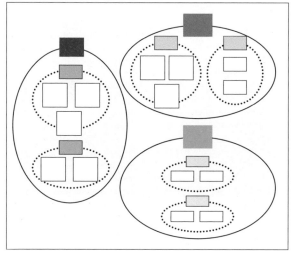

KJ법은 '브레인스토밍-그루핑-네이밍' 과정의 반복이다.

포스트잇으로 아이디어를 쏟아 낸 뒤, 포스트잇을 한 장씩 읽어 보며 유사한 것끼리 분류한다. 분류한 다음 그 위에다가 이름을 붙인다. 그리고 소집단들을 모아서 중집단으로 만들고, 중집단들을 모아서 하나의 대집단으로 만드는 과정이 KJ법의 핵심이다.

KJ법은 분류와 통합이 무엇보다 중요하다.

닭은 큰 덩어리의 모이를 곧바로 먹을 수 없다. 닭이 먹을 수 있게 모이를 쪼개서 주는 것처럼, KJ법에서도 하나의 큰 덩어리를 쪼개는 과정이 필요하다. 분류나 요약, 분석 과정이다. 하지만 이보다 더 중요한 것은 통합이다. 여러 가지로 분해하고 분류한 다음 이것들을 하나로 묶어 내는 것이 중요하다.

가와기타에 따르면 통합은 산을 관통하는 터널을 뚫는 일과도 같은데, 터널을 뚫을 때 폭이 얼마나 크냐가 중요한 것이 아

13 은유와 KJ법

니다. 바늘구멍만 하더라도 하나를 뚫어 놓으면 그것을 넓히는 건 쉽기 때문에 먼저 뚫는 것이 중요하다. 통합은 하나를 관통하는 연결선을 만드는 것이다. KJ법을 통해서 통합에 이르지 못하면 그건 의미가 없다.

KJ법의 순서를 보자면 ① 주제 결정, ② 내부탐험이다. 내부탐험은 기획자가 가지고 있는 기억과 경험, 지식들을 다시 한 번 되새기면서 문제를 해결할 수 있는 방법을 찾는 과정이다. ③ 기록, ④ 나열 후 조망, ⑤ 그룹 편성 또는 그루핑, ⑥ 이름 붙이기, ⑦ 그룹 편성 후 다시 이름 붙이기 반복, ⑧ 문장으로 표현하기 또는 도해와 그림으로 관계를 설명하기다. 이렇게 KJ법이 완성된다. 새로운 아이디어를 낼 때 KJ법을 적용해서 실험해 보면 좋다.

기획은 발산과 수렴을 통해서 이뤄진다

예를 들어, 더 나은 온라인 강의를 만들려면 어떻게 해야 하는가? 여러 가지 아이디어가 떠오를 것이다. 이것들을 포스트 잇으로 하나씩 적어 본다. 그다음에 이것들을 유사한 것끼리 모아 놓고, 이것들이 좋은 강의가 될 수 있다는 것을 확인하고 기록으로 남긴다. 세 가지를 다시 묶으면 '행복한 강의실'이라는 하나의 커다란 대집단 안에 모두 포함이 된다. 실제 서울시민대학에서 학생들과 함께 해 봤던 내용이다. 더 좋은 강의를 만들기 위해서 어떻게 생각하면 좋을지 아이디어를 모았다.

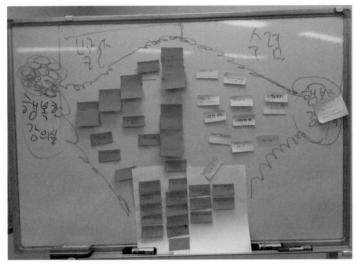

행복한 강의실을 만들기 위한 브레인스토밍 과정은 발산과 수렴으로 이뤄진다.

이것들을 쭉 분류하고, 다음에는 넓은 것을 좁혀 간다. 이 과정이 범주화다. 범주화된 그룹에 각각 이름을 붙이고 열 가지를 일곱 가지, 여섯 가지, 세 가지, 마지막에는 한 가지로 압축한다.

결국 KJ법은 발산이라는 과정과 수렴하는 과정을 반복하는 것이다. 어떠한 기획도 마찬가지다. 아이디어들이 확장되었다가 수렴되는 모습이 흡사 다이아몬드와 같다. 이와 같은 발산과 수렴이 효과적인 이유는, 앞서 오토바이의 냉각핀에서 설명

13 은유와 KJ법

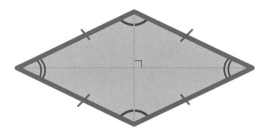

발산과 수렴을 반복하면 다이아몬드 형태를 보인다.

했듯이, 냉각핀이 공기와의 면적을 최대한 넓히면서 열을 빨리 발산하는 것과 같은 원리다. 우리의 생각도 여러 가지 다양한 굴곡을 통해서 의식과 무의식이 만나게 함으로써 그 과정에서 새로운 것들이 생겨날 수 있는 가능성이 커지기 때문에 KJ법이 효과적이다. 다음 그림은 KJ법을 통해 최종적으로 구조화한 도해다.

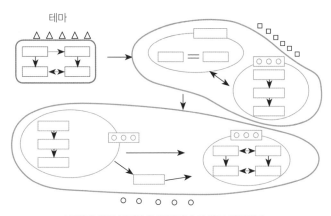

KJ법의 최종 결과물은 문장이나 도해로 완성된다.

KJ법의 장점은 다음의 네 가지다. ① 문제 구조를 파악할 수 있다. 즉, 어떻게 관계를 맺고 있고, 어떻게 연결되어 있는지를 알 수 있다. ② 문제를 나열하게 되면 그 과정에서 해결책을 떠올리게 된다. ③ 취사선택할 수 있는 지점을 파악할 수 있다. ④ 조합, 연결 등 통합을 쉽게 한다.

앞으로 등장했으면 하는 K 콘텐츠

앞으로 한국의 방송계에서 이러한 콘텐츠들이 나왔으면 좋겠다고 하는 나의 생각을 이야기하고자 한다. 첫 번째로 그 지역어를 연구하고 반영하는 콘텐츠가 많이 나왔으면 좋겠다. 2020년 10월에 KBS의 가장 대표적인 드라마 콘텐츠는 〈동백꽃 필 무렵〉이었다. 이 드라마가 큰 인기를 모은 데에는 여러 가지 이유가 있지만, 그동안 대중문화에서 반영되지 않았던 충남 서천 장항의 새로운 지역어가 큰 역할을 했다고 생각한다. 새로운 지역적 특성과 언어적 특성, 특히 지역의 독특한 유머의 맛이 잘 살았다. 〈톱스타 유백이〉라는 tvN에서 만든 프로그램에서도 전남 완도의 고유한 말이 등장했고, 〈우리들의 블루스〉에는 그동안 등장하지 않은 제주어가 자막과 함께 대거 등장했다. 한국의 로컬 콘텐츠를 발굴하는 것이 K 콘텐츠의 지속 가능성을 담보할 수 있는 길이 될 것이다. 전 세계의 수용자는 더 새롭고 참신한 한국적인 소재를 갈망하고 있기 때문이다.

두 번째는 사람의 목소리를 더 많이 담은 콘텐츠가 나왔으면 좋겠다. 코로나19 팬데믹 시기에 〈유 퀴즈 온 더 블럭〉이 큰 인기를 모았다. 직업의 세계나 독특한 취향을 가지고 있는 사람들을 통해 우리 사회를 파악할 수 있었기에 고립감을 해소해 주었다. 공영방송이 만들어야 할 콘텐츠가 아닌가 싶은 정도로 남녀노소로부터 큰 사랑을 받은 콘텐츠였다. 중심이 아닌 주변부의 소외된 사람들의 목소리를 담은 콘텐츠가 더 나왔으면 좋겠다.

세 번째는 많이 먹는 먹방의 시대가 가고 있다. 음식을 먹는 시대는 지나가고 있고, 음식을 가지고 어떻게 장사, 사업을 할 수 있는지 연결되는 콘텐츠의 시대도 지나가고 있는 것 같다. 이제는 음식의 양이 아니라 음식의 질과 음식의 아름다움과 멋을 보여 주는 콘텐츠들이 나왔으면 좋겠다. 한국의 음식문화는 세계 최고의 수준이라고 생각한다. 조상의 여러 가지 지혜가 담겨 있고, 한국처럼 다양한 종류의 음식을 다양한 방식의 조리법을 통해서 조리해 먹는 멋진 음식문화를 가지고 있는 나라가 많지 않다. 그래서 우리나라 음식이 가지고 있는 음식문화의 뛰어난 매력과 여러 가지 요소를 보여 주는 콘텐츠들이 나왔으면 좋겠다.

네 번째는 새로운 형식을 실험하는 콘텐츠가 많이 등장하면 좋겠다. 특히 공영방송은 대중의 창의성을 계발하고 인식의 지평을 넓혀 주는 기능을 수행할 책임이 있다. 따라서 새로운 형식을 실험하고, 이런 것도 가능하다는 것을 보여 줌으로써 대중의 인식을 넓혀 주는 것이 필요하다.

마지막으로 테크놀로지를 적극적으로 활용한 콘텐츠, 기술의 발전에 따라 새로운 방식의 콘텐츠가 등장하면 좋겠다. 예를 들면, 드론만을 활용한 다큐멘터리, AI 대 인간을 비교 실험하는 것도 나왔었고, 새로운 방송 기술이 도입되면 곧바로 현업에 적용해서 콘텐츠를 만들려는 노력이 새로운 콘텐츠를 가능하게 한다.

참고문헌

탁정언(2005). 기획의 99%는 컨셉이다. 서울: 원앤원북스.

Lakoff, G., & Johnson, M. (2006). 삶으로서의 은유(*Metaphors We Live By*). 노양진, 나익주 역. 서울: 박이정.

川喜田二朗 (2018). KJ法. 中央公論社.

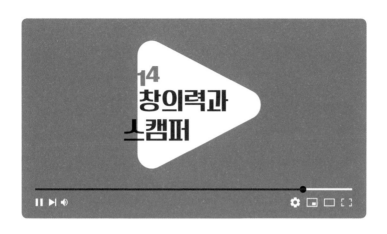

창의적인 콘텐츠를 만드는 것이 기획자의 주된 관심사다. 하지만 창의력에 대한 오해들도 많은 것이 사실이다. 창의적인 사람과 창의적이지 않은 사람을 구분하는 딱 한 가지 기준은 창의적인 사람은 자기 자신을 스스로 창의적이라고 생각하는 반면, 창의적이지 않은 사람은 자기 자신이 창의적이지 않다고 생각한다는 것이다. 그 차이 외에는 다른 것은 없었다고 하는 연구조사가 있었다. 따라서 창의적인 사람이 되는 첫 번째 조건은 스스로 나는 창의적인 사람이라고 생각하는 것이다. 알랭 드 보통(Alain de Botton)은 "독창적인 사고는 수줍은 동물과 비슷하다."라고 했다(2010). 동물이 굴에서 나오게 하려면 때로는 다른 방향인 혼잡한 거리나 터미널 같은 곳을 보고 있어야 한다. 보통 생활과 다른 활동을 할 때 슬며시 나오게 된다는 것이다. 막상 잡으려면 야속하게 쏙 들어가 버린다.

창의성은 생존 확률을 높여 준다

키스 소여(Keith Sawyer)라는 학자는 지그재그 이론을 제시하였다. 보통 만화에서 창의력이 떠오를 때 전구에 불이 들어오는 걸로 표현한다. 하지만 실제 창의적인 생각은 번갯불처럼 번쩍하고 오는 것이 아니라 점진적인 변화 과정(지그재그)을 통해서 완성되어 간다. 지그재그 이론은 창의력이 작은 진전과 작은 변화 그리고 작은 통찰력을 통해서 생각이 완성되어 가는 과정의 산물이라는 것을 함의하고 있다(2014).

창의성을 연구하는 클라우스 우어반(Klaus Urban)은 "창의성은 인간 진화 최고의 선택이고, 진화하는 과정이 창의성을 자극하고 필요로 한다."라고 설명했다. 공군 조종사의 생환률을 연구했던 토랜스(Torrance)는 생존자의 특성을 조사한 결과 창의적인 사람의 생환률이 높은 것을 발견했다. 따라서 생존률을 높이는 가장 좋은 방법은 무엇보다도 창의성을 높여 주는 것이라는 결론에 이르렀다. 결국 창의적인 사람은 오래 살 가능성이 높다. 어도비에서 실시한 조사에 따르면, 창의적이라고 스스로 생각하는 사람이 그렇지 않은 사람보다 소득이 13% 높다. 창의적이라 생각하게 되면 더 오래 살 확률이 커질 뿐만 아니라 소득이 높아질 확률도 커진다. 많은 조사 대상자는 "창의적인 잠재력의 발휘가 경제성장에 중요한 열쇠가 된다."라고 응답했다. 창의성이 인간 개인의 생명도 결정하고 경제적인 일과 앞으로의 경제성장 등 지속 가능한 성장을 좌우하지만, 현실세계에서 창의성에 대한 투자는 많이 하고 있지 않다. 어쩌면 학교 교육에서 가장 중요한 교육이 창의성에 대한 교육이 아닐까.

창의적인 아이디어는 느긋하게 이완하기만 해서는 결코 나오지 않는다. 어떻게 보면 쥐어짜야 될 수도 있는 것이다. 창의성이 참 어려운 것이지만 그렇다고 느슨하게 여유가 있다고 해서 생기는 것도 아니다. 〈거침없이 하이킥〉과 〈순풍산부인과〉 등 한국의 대표적인 시트콤을 수십 년간 제작한 시트콤의 대부인 김병욱 PD를 만나서 인터뷰했었다.

김 PD는 거의 잠을 자지 않고 일주일 내내 프로그램을 만들었던 한국 시트콤의 신화라고 할 수 있다. 자기 삶을 다 갈아 넣

한국 시트콤의 장르를 완성한 김병욱 PD는 1년에 수백 편의 시트콤을 만들었다.
사진: 강의정.

어서 시트콤을 만든 것이다. 대본도 직접 본인이 아이디어를 내고 계속 수정해 가면서 촬영과 편집, 기획을 함께하는 등 가장 바쁘고 힘들었던 시기에 가장 많은 콘텐츠를 만들어 낸 것이다. 따라서 창의적인 것은 그냥 아이디어를 내는 것에 그치는 것이 아니라, 힘들게 몸을 움직이고 만들어 내는 노동이라는 것이 현장에 있는 PD들의 주장이다.

창의성은 노동이다

얼마 전에 타계한 그래픽 디자이너 밀턴 글레이저(Milton Glaser)는 '아이 러브 뉴욕' 그래픽을 디자인했다.

2020년 타계한 밀턴 글레이저는 예술이 노동이라고 정의했다.
출처: http://www.nyculturebeat.com/index.php?mid=Art2&document_srl=3919569

14 창의력과 스캠퍼

그가 남긴 어록 중 그 가장 인상적인 것이 "Art is work."로, '예술은 노동이다'라고 번역한다. 아트가 디자인이고, 아트가 아이디어이며, 이런 말이 아니라 아트는 정말 힘든 노동이라고 표현하는 것이 와 닿는다. 'I love New York more than ever' 라는 포스터는 'I love New York' 디자인에 추가해서 만든 포스터다.

하트에 까만 점이 있는 것은 911 테러로 마음에 큰 상처를 입은 뉴욕 시민들의 마음을 상징한다. 밀턴 글레이저에 따르면, 디자인에 대한 반응은 세 가지인데 'Yes' 'No' 그리고 'Wow'다. 와우는 놀라서 감격하는 것인데, "Wow is the one to aim for."

뉴요커의 심금을 울린 911 테러 이후의 포스터

창의성은 노동이다

라는 그의 말에서 알 수 있듯이, 우리가 지향하는 건 바로 좋다, 나쁘다가 아니라 정말 감격하는 것이다. 그리고 "일 말고는 하는 것이 없다(I do virtually nothing except my work). 아무 취미도 없다(No hobbies)."라는 말 역시 자신이 좋아하지만, 그 일 이외에는 하지 않는 집중의 정신을 보여 준다. 그가 남긴 말들은 아이디어를 내는 것이 얼마나 힘든 노동이며, 반짝이는 아이디어가 아니라 애쓰고 노력하고 분투해서 얻어 내는 결과물이라는 것을 보여 준다.

아이디어는 용광로에 있는 쇳물과도 같다. 새로운 아이디어를 냈으니까 좀 쉬었다가 새로운 아이디어를 내겠다라고 하기보다는 아이디어는 퍼낼 때 더욱 솟구친다. 아이디어의 가동을 멈추면 쇳물이 굳기 시작하고 다시 녹이려면 많은 에너지와 시간을 필요로 하므로, 아이디어를 퍼낼 수 있을 때 마음껏 퍼내고 주변 사람들과 공유함으로써 아이디어들의 원천을 더욱 풍부하게 하는 것이 효과적이지 않을까.

클라우스 우어반은 창의성을 인지적인 능력과 정서적인 능력으로 구분했다. 확산적 사고나 일반적인 지적 능력, 구체적인 지식과 기술이 인지적인 능력에 해당한다. 집중이나 동기 개방성, 참을성들이 정서적인 능력이다. 창의성의 여섯 가지 능력을 자세히 보자면 집중과 참을성을 눈에 띈다. 집중과 참을성이 창의성의 핵심인 이유는 한 가지에 집중하는 능력 그리고 여러 가지 그 난관과 장애물에 굴복하지 않고 끈기 있게 참아내는 능력이 다른 성과물을 가능하게 하기 때문일 것이다. 주변에서 훌륭한 기획을 하는 기획자들의 공통점은 어려움을 잘 인내한다는 것이다. 조직 생활에서는 어려운 일들이 많다. 이것을 잘 참아내는 능력이 있는 사람들이 대부분 끝에서 가장 좋은 것을 만들어 내는 게 아닐까? 그래서 많은 독특하고 창의적인 콘텐츠들을 만들고자 하는 기획자들은 다른 어떤 특성보다도 인내력과 참을성과 집중력을 길러야 한다.

가츠산도는 돈가스를 식빵으로 감싼 식사대용 빵이다. 일본 도쿄에 가츠산도로 유명한 식당인 마이센이 있다. 마이센에서 잘라낸 식빵의 꼬투리들은 어떻게 사용할까? 우선 식빵 꼬투리를 갈아서 다시 그 돈가스의 튀김가루로 사용한다. 또는 이 꼬투리를 튀겨서 러스크로 판매하고, 다른 사용법으로는 돼지한테 사료로 먹인다. 식빵 꼬투리를 섞은 사료로 키운 돼지는 다시 돈가스의 재료가 되는 음식의 순환 고리가 이어진다. 음식

도쿄의 가츠산도 전문점 마이센은 식빵 꼬투리를 창의적으로 활용한다.
출처: https://mai-sen.com/

물 쓰레기를 없애고 빵을 먹인 돼지고기의 품종 이름은 '부드러운 유혹'이다. 가츠산도를 만들더라도 이 정도의 아이디어가 담겨 있다면, 소비자는 이 음식을 꼭 한번은 먹어 보고 싶을 것이다.

창의적 일곱 가지 생각도구: 스캠퍼

이제, 기획 아이디어를 더 쉽게 만들 수 있는 방법인 스캠퍼(scamper)에 대해서 알아보도록 하자. 스캠퍼는 알렉스 오스본(Alex Osborn)이라는 광고인이 기획한 체크리스트다. 새로운 아이디어를 낸 뒤에 혹시 더 남아 있는 방법은 없는지 훑어볼 때 사용하는 방법이다. 7개의 단어의 두음을 사용해서 스캠퍼라 이름 붙였다. 창의적인 생각도구 1개 정도는 기억하고 있다가 아이디어를 내야 할 때, 언제 어디서나 꺼내 쓰면 좋겠다.

S는 대체(substitute)를 뜻한다. 기존에 있는 콘텐츠의 한 요소들을 대체해서 새로운 것을 만들어 낼 수 있다고 할 수 있는데, 〈도전! 골든벨〉에서 출연자들을 연예인으로 바꿔서 〈스타 골든벨〉로 만든 것이 사례라고 할 수 있다. 2030세대가 즐겨 보았던 〈유희열의 스케치북〉을 7080세대가 즐겨 보는 콘서트로 바꾼 것이 바로 〈콘서트 7080〉이다. 출연자와 관객을 바꾸기만 했는데, 새로운 기획이 탄생했다.

C는 결합(combine)을 뜻한다. 낯선 것 2개를 합하니까 새로운 것이 만들어진다는 것이다. 대표적인 것이 버라이어티 프로그램으로, 만담, 게임, 토크, 드라마 등 다양한 장르를 합친 장르라 할 수 있다. 스마트폰 역시 컴퓨터, 텔레비전, 전화기 등이 합쳐진 미디어다. 합하게 되면 새로운 게 만들어진다는 사례가 C이다.

A는 응용을 뜻하는 adapt다. 다른 곳에서 사용되고 있는 원리나 요소들을 가져와서 인용하면 새로운 것을 만들 수 있다. 대표적인 예가 〈개그콘서트〉다. 개그는 코미디의 영역이고 콘서트는 음악의 영역이다. 음악의 영역에서 사용되고 있는 콘서트 형식을 개그 영역에 가져와서 오랫동안 큰 사랑을 받았던 콘텐츠다.

M은 modify, magnify, minify와 같이 여러 가지 뜻이 있다. modify는 변형한다는 것이고 magnify는 키우다, minify는 크기를 줄인다는 뜻이다. 그래서 구성요소를 바꿔서 새로움을 만든 〈무한도전〉은 〈무모한 도전〉에서 〈무리한 도전〉을 거쳐 변형을 반복해서 〈무한도전〉에 이르렀다. 〈한 뼘 드라마〉라고 짧은 일일 드라마가 있다. 콤팩트 드라마라고 해서 여러 작가가 공동 창작했던 것도 의미 있는 작업이었다. 드라마의 횟수와 분량을 키운 것은 대하 드라마, 줄인 것은 단편 드라마와 웹드라마가 있다.

P는 용도를 바꾸는 것(put to other use)이다. 콘텐츠 자체를

변형시키지 않고 그대로 놔두고 용도만 개발하는 것이다. 예를 들면, 책을 라면 받침대로 사용하거나 낮잠잘 때 받침으로 사용하는 것, 조명 갓으로 사용하는 것도 콘텐츠의 새로운 용도를 개발해서 만들어 내는 것이다. 외출할 때 텔레비전을 틀어 놓는 것은 오락용 콘텐츠를 방범용으로 용도를 바꾼 사례다.

E는 제거(eliminate)다. 기존의 구성요소들 중에 하나를 뺌으로써 새로운 것을 만들 수 있다. 다이슨 선풍기는 팬이 없어서 새로워졌다. 다큐멘터리에서 내레이션을 없애고 자막으로 대신한 것이 〈지식채널 e〉라는 프로그램이다.

R은 순서를 다시 배열(rearrange)하는 것이다. 그래서 순서를 바꿈으로써 새로운 것을 만들 수 있다. 기자는 뉴스 가치의 크기에 따라 리포트의 순서를 바꾸면서 시간대마다 새로운 뉴스 프로그램을 만든다. 추석특집 NG 퍼레이드는 녹화하다가 남은 콘텐츠들을 다시 재편집해서 새로운 콘텐츠로 만든 것이다. 스페셜 프로그램 역시 본방송을 편집하여 새롭게 만든 콘텐츠다.

마지막으로 R은 거꾸로(reverse)의 약자이기도 하다. 기존의 질서와는 반대 방향으로 콘텐츠를 생각하면 새로운 걸 만들 수 있다. 노래 잘하는 사람을 뽑는 노래자랑에서 노래 못하는 사람을 뽑는 '음치가요제', 교사가 강의하지 않고, 학생이 발표하고 성과를 만들어 가는 플립드 러닝(flipped learning)도 거꾸로 기획한 것이다.

참고문헌

Csikszentmihalyi, M. (2003). 창의성의 즐거움(*Creativity*). 노혜숙 역.
서울: 더난출판사.

De Botton, A. (2010). 공항에서 일주일을(*Week at the Airport*). 정영목
역. 서울: 청미래.

Michalko, M. (1994). 씽커토이(*Thinker Toys*). 김홍식 역. 서울: 서해
문집.

Sawyer, K. (2014). 지그재그, 창의력은 어떻게 단련되는가?(*Zig Zag: The
Surprising Path to Greater Creativity*). 유지연 역. 서울: 청림출판.

15
에크프라시스로
방송 콘텐츠 기획하기

나는 기획자들에게 가장 결핍되었으면서도 가장 필요한 분야가 바로 '에크프라시스'라고 생각한다. 초등학교부터 중·고등학교는 물론 대학에서도 에크프라시스에 대해서 제대로 배우지 못하고 방송 현장에 뛰어든 경우가 대부분이다. 나는 미디어와 콘텐츠를 전공하는 학생들에게 대학에서 무엇을 배웠냐고 묻거든, 에크프라시스를 배웠다고 대답하라고 말하곤 한다. 방송을 만들고자 하는 초심자에게 에크프라시스는 너무나 중요한 훈련이다.

에크프라시스란 무엇인가? Ekphrasis를 분해하면 다음과 같다. Ek=out, Phrasis=speak. 즉, speak out으로 번역될 수 있으며, 사물이 가진 언어를 밖으로 꺼내어 말하는 것을 말한다. 에크프라시스는 예술가를 훈련시키는 방법으로, 시각적인 예술

작품을 문자로 옮겨 쓰는 과정이 좋은 훈련 방법이다. 에크프라시스는 고대에 사물, 사람, 경험에 대한 자세한 기술을 뜻하기도 했다. 말로 풀어내는 것, 더 나아가 예술의 한 매체를 다른 매체로 전환하는 데 있어 사용되는 수사학적인 도구다. 그림을 글로, 글을 그림으로, 시각을 음악으로 변화시키는 에크프라시스를 나는 '매체 간 넘나들기(cross media translation)'로 정의했다. 에크프라시스는 이야기를 만드는 데 있어서 스토리텔링보다 쉽고 유용한 방식이다. 스토리텔링에 집중하다 보면, 캐릭터와 플롯 그리고 이야기의 구성방식에 몰두하기 쉽고, 묘사는 경시하기 쉽다. 하지만 에크프라시스로 획득할 수 있는 묘사는 콘텐츠의 핵심적인 부분이며, 스토리텔링의 빛깔을 바꾸는 중요한 요소다. 특히 방송에서는 영상을 보고 글로 옮기거나 반대로 내가 쓴 글을 영상화하며, 소리를 듣고 이미지를 떠올리며 글로 옮겨 적는 에크프라시스 작업이 중요하다.

에크프라시스 훈련에서 중요한 것은 먼저 그림 안에 있는 침묵의 언어를 끄집어내야 한다. 하나의 바다 사진엔 다양한 사계절의 느낌, 감정 등의 이미지가 존재한다. 그중 하나의 언어를 추출하는 것이다. 하지만 이보다 더 중요한 건 내 안에 있는 언어다. 내게 기쁜 일이 있다면 기쁜 생각을 하기 쉽고 슬픈 일이 있다면 슬픈 생각을 하기 쉽다. 그림 속의 언어와 내 안의 언어가 만나 영상 글쓰기가 이루어진다. 우리 안에는 이미 언어가 넘쳐 있다. 영상 글쓰기에선 내가 무슨 생각을 하는지가 중

15 에크프라시스로 방송 콘텐츠 기획하기

요하다. 내 안에 있는 언어가 그림 속의 언어와 만났을 때 독특한 글이 완성된다.

에크프라시스의 4단계

그렇다면 에크프라시스를 할 수 있는 네 가지 단계를 알아보자. 그대로 단계를 따라 밟으면 에크프라시스가 완성된다.

① 묘사(describe): 눈에 보이는 것들을 친구에게 이야기하듯이 그대로 묘사하는 것으로, 눈에 보이는 것, 감정, 생각을 단어, 그림, 소리 등으로 표현한다.

② 나열(list, scatter): 씨를 뿌리듯이 우리가 묘사한 것들을 흩뿌리는 것이다. 묘사한 것들을 글(단어, 관용어구 등)로 써서 늘어놓음으로써 영상의 특성이나 나의 감정을 최대한 뽑아낸다.

③ 발견 및 창안(invent): 묘사하고 느낀 것 중 어떤 단어들을 써야 할지, 어떤 것을 표현할지 선택한다.

④ 배열(dispose): 단어들이나 좋은 카피가 나왔을 때 어떻게 배치할지 결정하는 것으로, 고른 것들을 다시 순서에 따라 배열한다.

시각적 자극을 글로 풀어내는 과정에서 새로운 콘텐츠를 기획할 수 있다.
출처: https://kokone.co.kr/1030

야채가 고명으로 오른 라면 사진을 에크프라시스 4단계로
완성해 보자.

- 1단계: 계란과 야채 고명, 매워 보인다, 꽃, 바람개비, 비빔
  밥 같은 라면 등
- 2단계: 묘사를 마구 늘어놓다 보면 생각이 점화되는 순간
  이 온다. 맛있게 맵고 불량스러운 느낌도 들지만, 건강하
  고 몸에 좋은 라면 같은 느낌도 든다.
- 3단계: 많은 묘사 중 라면의 구성이 비빔밥과 유사하다는
  점을 선택하기로 한다.
- 4단계: 다양한 묘사 과정에서 결정하기로 한 것을 배열해
  보니 '비빔밥처럼 몸에 좋은 오동통 라면'으로 최종 결정
  했다.

15 에크프라시스로 방송 콘텐츠 기획하기

이 라면 예시에서 에크프라시스 과정을 통해 라면을 우리나라의 대표 요리인 비빔밥처럼 보기에도 좋고, 맛도 좋고, 영양가도 좋은 음식으로 발전시킬 가능성을 발견하게 된다.

이타미 주조(伊丹十三) 감독의 대표작 〈담뽀뽀〉는 음식의 맛을 묘사한 탁월한 영화로, 기승전결 등의 스토리텔링 구조를 무시하고 음식 이야기를 늘어놓았다. 영화는 라멘을 만들 때 들어가는 정성과 라멘 맛을 표현한 영상, 라멘을 먹는 방법에 대한 까다로운 묘사를 통해 라면의 맛을 형상화한다. 맛은 눈에 보이지도 손에 잡히지도 않는다. 하지만 우리의 뇌를 거치며 맛에 대한 설명으로 연결될 가능성이 있는 자극이기 때문에 영상 콘텐츠의 중요한 구성요소로 등극했다. 생활 정보 프로그램이나 예능 프로그램에서 출연자들이 음식을 맛보며 맛을 표현하는 콘텐츠들이 굉장히 많으며, 문학 작품에 등장하는 맛 표현을 정리한 책도 나올 만큼 맛에 대한 묘사는 중요해졌다. 우리가 기획하는 제품이나 콘텐츠에 대한 섬세한 묘사를 해 보자. 이것이 제품의 매력을 높여 준다는 것을 확인할 수 있을 것이다.

에크프라시스는 드라마의 생명을 좌우한다

드라마의 중요한 두 가지 요소를 캐릭터와 플롯(인과관계)이라고 하지만, 묘사 또한 서사의 주요한 요소다. 왜냐하면 배경의 묘사는 스토리텔링에 있어서 모든 장면에 깊이를 더하는 중요한 요소이기 때문이다. 신중하게 고른 배경은 흡인력, 등장인물 성격 암시, 숨은 사연이나 전후맥락 보강, 감정 전달, 긴장감, 독자에게 잊지 못할 경험을 선사한다. 배경묘사의 핵심은 독자의 오감을 자극하는 정보를 최대한 제공해야 하며, 모든 것을 인물이나 주인공의 감정을 거쳐 서술해야 한다는 것이다. 배경을 선택할 때 묘사할 가치가 있는 사람과 배경을 선택해야 하며, 등장인물에게 어떤 식으로든 의미 있는 장소를 골라야 한다. 또한 시청자의 오감을 자극할 수 있는 묘사를 해야 한다. 시각, 청각, 촉각, 후각, 미각을 만족시키는 묘사가 필요하나, 남발은 주의해야 한다. 무엇보다 독특한 관찰을 바탕으로 묘사하는 것이 필요하다(Ackerman & Puglisi, 2021).

이와이 슌지(岩井俊二) 감독의 영화 〈러브레터〉 속 "오겐키데스카?"라고 울부짖는 주인공에게 쉽게 동화되는 것은 영화의 배경이 거대한 설산과 흰눈으로 덮힌 평원이기 때문일 것이다. 눈이 올 때 주변은 조용해지는데, 눈이 소리를 흡수하기 때문에 소리가 멀리 나가는 느낌, 또 다른 세계에 가 있는 느낌을 받는다. 밝은 시각적 자극도 있으므로 독특한 느낌이 난다. 묘사가 탁월한 마쓰이에 마사시(松家仁之)의 소설 『여름은 오래 그곳에 남아』는 배경 묘사가 소설을 이끌어 갈 만큼 힘이 있다. 겨울에 큰 눈이 내릴 때는 두터운 눈이 흡음재 역할을 해서 낮은 데시벨의 음역대를 삼켜 버리고 높은 음역대의 소리를 깎아

15 에크프라시스로 방송 콘텐츠 기획하기

서 둥글게 만들어 버린다. 가까운 사람에게 큰 소리로 말해도 약간 떨어진 곳에서 이야기한 것처럼 아득하게 들렸던 경험이 떠오른다. "마차는 이치조 거리를 북쪽으로 나아가 역전 상점 가로 이어지는 십자로 앞에서 갑자기 스피드를 줄이며 멈췄다. 눈이 소리를 빨아들여 귀가 쩡할 정도로 조용했다."(松家仁之, 2016, p. 35)

마쓰이에 마사시는 음식에 대한 묘사도 탁월해서 갑자기 스콘 생각이 간절해진다. "갓 구운 스콘은 밝고 마른 햇볕 냄새 가 났다. 차가운 클로티드 크림과 딸기 잼을 스콘 위에 얹어 입으로 가져간다. 온도도 감촉도 각각 다른 단맛이 입 안에서 섞인다."(松家仁之, 2016, p. 94) 버터가 가득 들어간 스콘을 오븐에서 막 꺼내면 밀가루 사이사이에 끼어든 버터가 흡사 햇볕에

아지랑이가 올라오듯 고소한 맛을 피워 낸다. 커피가루가 중얼거리는 소리는 너무나 작고 미약해서 듣기 어렵다. 뜨거운 물을 가볍게 부은 뒤에 봉긋해진 커피가루 입자들이 부피가 늘어나며 위치에너지가 증가하여 미미하게 움직이며 생기는 버스럭거림을 마쓰이에는 '중얼거린다'고 표현했다. "커피가루가 중얼거리는 것과 같은 소리를 내며 강한 향내가 떠돈다. 아침 냄새다. 가루를 뜸들이면서 우치다 씨에게 배운 대로 머릿속에서 몇 초를 헤아린다."(松家仁之, 2016, p. 133)

드라마에서 묘사는 캐릭터와 플롯이라는 요소에 밀렸지만, 드라마에 대한 또 다른 정의는 드라마가 묘사의 축적이라는 것이다. 드라마는 등장인물, 사건, 공간, 상황을 묘사해 놓은 결과물이다. 드라마의 '흥미로운 압축'이라는 로그라인(log line)도 드라마의 시놉시스를 공감과 흥미를 불러일으키게 압축 구성한 것이다. 로그라인은 작품을 만들었을 때 제작자나 관객에게 던지는 카피와 같은 것으로, 어떻게 작품을 압축해 흥미롭게 전달할 수 있는지, 내용을 압축적으로 담고 흥미롭게 관객을 끌어당기는 목적을 가진다.

전통 시학에서는 내러티브에서 묘사를 애용하는 작가를 화려한 문체를 쓰기 위해 서사 라인을 차단시킨다는 이유로 비난하기도 했다. 지나친 묘사가 서사를 방해할 수 있다는 주장인 것이다. 그러나 묘사가 자체의 논리를 가진다면 낮게 평가될 이유가 없다. 특히 목적을 가진 묘사가 주도적으로 사용되

면 말할 것도 없다. 묘사는 텍스트의 시
녀가 아니다(Chatman, 2001). 묘사를 다
른 말로 하면 에크프라시스다. 방송에서
가장 복잡한 콘텐츠가 드라마다. 드라마
는 만들어진 허구의 이야기이지만 현실
과도 밀접한 관련을 가진다. 특히나 한
국 드라마의 현실 밀착성은 두드러진다.
다시 말해, 드라마가 성공하려면 현실에
대한 묘사가 매우 중요하다고 할 수 있다.

〈나의 아저씨〉에 등장하는 '정희네'라는 카페를 살펴보자.
작가는 카페를 어떻게 묘사했기에 연출자는 이렇게 영상화했
을까? 생업에 몰두하는 사람들이 많이 살고 있는 동네인 듯 인
적 드문 거리, 골목마다 주차되어 있는 크고 작은 차들, 쌓여 있
는 쓰레기 더미, 건물 외관(1층에는 술집, 2층에는 주인이 사는 오
래된 주상복합 건물)은 적산가옥 느낌도 든다. 스산하고 외로워
보이는 외부와는 달리 건물 내부는 따뜻한 조명, 안온한 느낌
을 주며, 이 동네에서 이 공간이 어떤 역할을 하고 있는지를 보
여 준다. 따뜻하게 사람을 끌어 모으는 공간이 안개 같이 뿌연
느낌으로 인해 영상이 소프트해지고 감정적인 파토스의 세계
로 안내하는 듯하다. 묘사를 할 때에는 연출자나 연기자에게
어떻게 표현해 달라고 말로 이야기한다고 생각하며 핵심을 짚
어 내고 그 위에 말을 더하면 된다. 묘사가 허술하면 드라마가

평평하고 캐릭터가 밋밋하다.

에크프라시스가 약한 드라마는 힘이 없다

간혹 연기자의 연기가 밋밋한 경우가 눈에 띈다. 연기를 못하는 것이 과연 연기자만의 책임일까? 그렇지 않을 수 있다. 대본을 잘못 쓰거나 연출을 잘못하면 연기가 이상해질 수 있다. 배우의 연기란 드라마라는 그릇에 물이 새지 않도록 틈을 채우는 것이다. 대본이 엉성한데 연기를 너무 잘하면 드라마의 틈새가 없어진다. 엉성한 서사를 보완하고 이상한 캐릭터를 덮어주며 부족한 연출력을 채우는 힘을 가지는 것이다. 또한 연출은 엉성한 서사를 보완하고 이상한 캐릭터를 덮어 주며 부족한 연기를 채운다. 대본은 부족한 연기를 채우고 허약한 연출력을 보완하는 힘을 가진다. 이처럼 드라마에서 배우와 연기에만 초점을 두면 한계가 있다. 배우의 연기, 대본, 연출이 함께 어우러지는, 3개의 바퀴로 굴러가는 삼륜 자동차와 같다.

〈나의 아저씨〉의 명장면 중 하나로 손꼽히는 정희(오나라 배우)가 술 취한 채 빨래하는 장면을 보자. 잔뜩 취해 몸을 가누기도 어려워 비틀비틀 거리며 방으로 들어온 정희는 곧 쓰러질 것 같은 몸을 지탱하는 강인한 정신력 하나로 자신이 꼭 해야 할 하루의 일과인 빨래를 기어이 해낸다. 갑자기 뚝 떨어진

코피를 아무렇지도 않게 닦아 내고 빨래를 마친 뒤에 위태로운 자세로 비틀거리며 방으로 들어와서 빨래를 널고 스위치를 끄고 잠자리에 몸을 눕혔다. 그러는 동안 끊임없이 누군가에게 보고하는 듯한 독백을 뇌아린다. 도중에 '얼씨구'와 같이 터져 나오는 감탄사는 의식의 경계가 느슨한 틈을 타고 흘러나온다. 〈나의 아저씨〉가 명작으로 평가받는 이유 가운데에는 연기자들의 치밀한 연기가 큰 역할을 했으며, 이를 가능하게 한 작가의 묘사력과 연출의 연출력이 자리하고 있다.

참고문헌

이재현(2009). 디지털 에크프라시스. 한국언론학보, 53(5), 244-267.

Ackerman, A., & Puglisi, B. (2021). 디테일 사전 도시편(*Urban Setting Thesaurus*). 최세희, 성문영, 노이재 역. 경기: 윌북.

Chatman, S. B. (2001). 영화와 소설의 수사학(*Rhetoric of Fiction and Film*). 한용환, 강덕화 역. 서울: 동국대학교출판부.

松家仁之 (2016). 여름은 오래 그곳에 남아(火山のふもとで). 김춘미 역. 경기: 비채.

16
철학으로
콘텐츠 기획하기

기획자에게 꼭 제안하고 싶은 마지막 기획법은 '철학으로 콘텐츠 기획하기'다. 고리타분한 철학과 콘텐츠 기획이 어떻게 연결된다는 것인지 다소 의아하게 들릴 수 있다. 콘텐츠 기획에 철학이 왜 필요한지 살펴보자.

벤츠의 남다른 자동차 철학

2016년 연구년으로 독일에 머무르는 동안 독일 자동차 회사의 공장과 전시관 및 박물관을 섭렵했다. 소비자의 경험을 디자인하려는 폭스바겐의 자동차 테마파크 아우토슈타트, 기술의 첨단을 자랑하는 BMW, 자동차의 신화를 계속 유지하려는 포르쉐, 세련된 스타일을 뽐내는 아우디. 나는 벤츠 자동차 박물관에서 다른 브랜드에는 없는 것을 발견했다. 벤츠는 나치시대에 부역했다는 사실을 거침없이 보여 주었으며, 노동자들의 임금 지급 내역과 사진 자료를 통해 자동차를 만든 사람들의 기록도 풍성하게 전시하고 있었다. 인류의 역사에서 '이동'이 어떠한 발전을 거쳐 왔는지 연대기적으로 전시하는 것도 눈에 띄었다. 결국 벤츠에게는 다른 자동차에게서 볼 수 없는 '철학'이 느껴졌다. 자동차 자체에만 집중해서는 철학이 느껴지지 않는다. 인간의 역사에서 자동차가 어떤 역할을 했고, 앞으로 다가올 미래에 인간과 자동차와의 관계가 어떻게 바뀔 것인지에 초점을 맞출 때 우리는 '철학'이 있다고 말한다. 벤츠에서 철

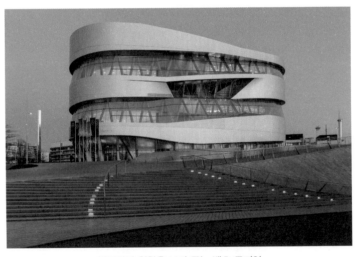

자동차의 철학을 보여 주는 벤츠 뮤지엄

출처: https://www.doopedia.co.kr/

학을 전공한 학생을 뽑는다는 이야기를 들었는데, 전시물을 본 뒤에야 비로소 이해가 되었다.

그렇다면 철학이란 무엇일까? 철학은 학문의 근원으로 학문의 학문으로 불린다. 철학은 사랑을 뜻하는 'philo'와 지혜나 지식을 뜻하는 'sophia'가 합쳐진 말이다. 지식에 대한 사랑 혹은 지혜에 대한 사랑으로 이해할 수 있다. 철학(哲學)의 철(哲)은 밝다는 의미가 아니고 슬기로운 재치나 지혜를 의미하는 중국어 또는 일본식 한자 표현이므로, 지혜학이나 지적 탐구로 이해해도 된다(임석진 외, 2008). 철학이 일본에서 번역되어 수입된 단어라 일본의 대표적인 사전을 펴 보았다. '철학은 사물을 근본원리에서 통일적으로 파악하고 이해하려는 학문이다. 고대 그리스에서는 일반 학문을 지칭했으나, 여러 과학의 분화 독립 이래로, 여러 과학의 비판적 이해와 기초 구축을 목표로 하는 학문으로, 세계와 사회관계 및 삶의 원리를 추구하는 학문이 되었다'(新村出, 2018). 철학의 정의에 대한 핵심 축 두 가지가 포함되어 있다. 사물을 근본원리로 통일적으로 파악하려 한다는 것과 학문의 분화로 철학의 핵심 줄기가 드러나게 되었다는 것이다.

철학은 방법론이다

사물을 근본원리로 통일적으로 파악한다는 것은 철학이 일종의 '방법론'이라는 것을 암시한다. 철학적 사색은 모든 학문 분야에 적용될 수 있는 사유의 방식이다. 흥미롭게도 철학은 일반 학문처럼 명료한 대상이 없다. 철학자 버트런드 러셀(Bertrand Russell)이 말한 것처럼, 어떤 주제에 관한 명확한 지식이 가능해지면 결국 이 주제는 철학으로부터 분리된다. 러셀에 따르면, 천문학, 물리학, 심리학 등이 철학에서 분화되어 세부학문이 된 것은 잘 알려졌으며, 뉴턴(Newton)의 물리학적 업적은 '자연철학의 수학적 원리'라고 불렸다. 결국 이미 명확한 해답을 낼 수 있는 문제는 과학 속으로 옮겨지고 지금도 명확한 해답을 줄 수 없는 것만이 철학이라 불리는 잔재의 형태로 남아 있게 된 것이다. 철학이 지혜에 대한 사랑이 아니라 지식에 대한 사랑이라고 정의한다면, 철학이 지향하는 지식은 여러 과학에 통일과 체계를 주는 지식이고, 우리가 확신, 편견, 신념 등의 근거를 비판적으로 살펴보고 검토하면서 생기는 지식이다(Russell, 2007).

철학의 주요한 가치란 무엇일까? 그것은 개인적인 좁은 목표에서 해방되는 자유의 가치를 얻는 데 있다. 본능적인 인간의 생활은 그의 개인적인 흥미의 범위 내에 갇혀 있다. 자신이 좋

16 철학으로 콘텐츠 기획하기

아하고 관심 있는 것에 깊이 천착하고 그 곳에서 새로운 발견을 탐색하는 것도 충분히 의미 있는 일이지만, 본능적 관심의 사적 세계는 조만간에 사적 세계를 파괴할 것이 틀림없는 강대한 세계 속에 놓인 작은 세계인 것이다. 우리의 생활이 위대하고 자유로워야 한다면 어떻게 해서든지 이 감옥에서 벗어나야 한다. 한 가지 해결책이 바로 철학적 사색을 하는 것이 다. 지식의 획득은 모두 자기의 확대인데, 이 확대는 지식을 직접 구하지 않을 때 가장 잘 달성된다. 자기 확대는 지식에 대한 욕구만이 작용하고 있을 때, 미리 그 대상이 이런저런 성격을 가질 것을 기대하지 않고 자기를 그 대상 속에서 발견하는 특성에 순응시키는 연구를 할 때 달성할 수 있다. 참다운 철학적 사색은 자기가 아닌 모든 것을 확대시켜 사색의 대상을 위대하게 만들고, 그럼으로써 사색하는 주체도 위대하게 하는 모든 것에서 만족을 발견한다. 이를 통해 우리의 생각은 확대되고, 지적 상상력은 풍부해지기 때문이다(Russell, 2007).

이와 같은 러셀의 주장을 적용한다면, 지금까지 살펴본 나를 중심으로 한 기획이 미시적 관점의 기획이라고 할 수 있다. 반면, 철학을 통한 기획은 거시적 관점의 기획이 아닐까. 한 가지에만 골똘히 빠져 있는 오타쿠적 기획의 방법이 '나'를 중심으로 한 기획이라면, 철학을 통한 기획은 '세계'를 중심으로 한 기획인 것이다. 홑눈이 아니라 겹눈을 가진 벌레가 대상과의 거리를 더 정확하게 파악할 수 있듯이, 기획에도 두 가지의 시선이 더욱 풍부한 기획을 가능하게 할 것이다.

철학을 활용한 기획자, 스티브 잡스

철학을 기획에 응용하여 큰 성공을 거둔 사람은 바로 스티브 잡스다. 그는 애플 컴퓨터와 아이폰을 세상에 내놓으며 디지털 모바일 혁명을 가져온 주인공이다. 어쩌면 21세기 인류의 삶에 가장 큰 영향을 미친 사람일 수도 있다. 그는 소크라테스를 사랑했다. "소크라테스와 점심을 할 수 있다면, 애플의 모든 기술을 포기할 수 있다(I would trade all of my technology for an afternoon with Socrates)."라는 말은 유명하다. 스티브 잡스는 "너의 욕망과 능력과 의무가 무엇인지 알며, 그것을 실천에 옮겨라."라는 소크라테스의 가르침을 가장 훌륭하게 실천한 소크라테스의 제자로 평가받기도 한다. 스티브 잡스는 날마다 아침에 일어나서 거울을 보고 내가 원하는 일을 하는지 물어보라고 했기 때문이다. 그는 자신의 '욕망'과 '능력'과 '의무'에 대해서 끊임없이 질문을 던지는 사람이었다. 자신에 대한 믿음이 있었고 회사와 같이 일하는 사람에 대한 의무감도 강했다(https://

16 철학으로 콘텐츠 기획하기

blog.naver.com/gawoo1323/222639335137). 스티브 잡스는 자아가 '욕구'와 '능력'과 '당위'의 세 변으로 이루어진 하나의 삼각형임을 알고 있었다.

"Stay hungry, stay foolish." 이것은 스티브 잡스가 좋아했던 간행물『Whole Earth Catalog』의 최종판에 적혀 있던 문구라고 한다. '지혜에 대한 배고픔을 유지하고, 바보처럼 눈앞의 이익에 연연하지 말라'는 뜻으로 해석할 수 있다. 소크라테스 식으로 해석한다면 '항상 지혜를 갈망하고, 자신이 바보 같이 무지하다는 것을 자각하고 너 자신을 알라'라는 것으로 해석할 수도 있겠다. 스탠퍼드 대학교 졸업식 축사 중 죽음의 발명에 대한 언급이 등장한다. "죽음은 어느 누구도 피하지 못합니다. 그리고 그래야만 합니다. 왜냐하면 죽음은 삶이 만든 최고의 발명품일 테니까요. 죽음은 삶의 변화를 가능하게 하는 동력입니다. 죽음은 낡은 것을 없애고 새로운 것에 길을 내어줍니다. 여러분의 시간도 제한되어 있습니다. 그러니 다른 사람의 인생을 사느라 자기 삶을 허비하지 마십시오. 다른 사람이 생각하는 결과에 맞춰 살아야 한다는 도그마에 빠지지 마십시오. 다른 사람들이 시끄럽게 떠드는 소리에 파묻혀 여러분 내면의 소리를 잃지 마십시오. 용기를 가지고 여러분의 마음과 직관

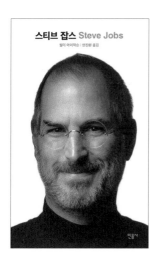

을 따라가십시오. 여러분의 마음은 스스로가 진정 무엇이 되고 싶은지 이미 알고 있습니다."

누구나 피할 수 없는 한정된 삶과 결국 맞이하게 될 죽음이라는 종착점을 망각하는 인간이야말로 어리석음의 극치다. 소크라테스가 죽기 직전에 펼친 마지막 변론에도 죽음의 쓸모에 대한 찬사가 등장한다.

> 배심원 여러분, 죽음을 두려워한다는 것은 지혜롭지도 않으면서 스스로 지혜롭다고 생각하는 것 이외에는 아무것도 아닙니다. 그것은 자기가 모르는 것을 안다고 생각하는 것이니까요. 죽음이 인간에게 사실은 최대의 축복이 아닌지 아는 사람은 아무도 없는데도, 사람들은 죽음이 인간에게 최대의 불행이라는 것을 확실히 아는 것처럼 죽음을 두려워합니다. 모르는 것을 안다고 생각하는 그런 무지야말로 가장 비난받아 마땅한 무지가 아니겠습니까?
>
> —플라톤 『소크라테스의 변론』(pp. 47-48)

질문으로 세상을 바꾼 소크라테스

『소크라테스 익스프레스』를 쓴 에릭 와이너(Eric Weiner)는 소크라테스가 미친 지혜를 실천했다고 보았다. 미친 지혜는 지혜로 향하는 길이 구불구불하다는 전제를 따르고, 재그로 가려면 먼저 지그로 가야 하며, 답이 정해진 길이 아니라 바보 같이 상식에 질문을 던지고, 돌을 맞고 다시 질문을 던지며 걸어가는 험난한 여정이라는 것이다. 미친 지혜는 사람들을 뒤흔들어 깨달음을 주기 위해 사회 규범을 내던지고 배척될 위험을 감수하는 것을 의미한다. 소크라테스는 질문을 발명하진 않았지만, 질문하는 방식을 바꾸었고, 결과적으로 질문이 끌어내는 대답을 바꾸었다(Weiner, 2021).

칼 세이건(Carl Sagan)의 말처럼 '모든 질문은 세상을 이해하려는 외침'이고, 모든 질문은 스스로를 이해하려는 외침이다. 소크라테스의 이 결심이 철학에 큰 변화를 불러왔는데, 철학은 우주에 대해 불확실한 예측을 하는 학문이 아니라 철학은 삶, 우리 자신의 삶에 관한 것이고, 어떻게 하면 이 삶을 최대한 잘 살아내느냐에 관한 것이다(Weiner, 2021). 철학의 큰 전환점이 소크라테스에 의해 열렸고, 소크라테스를 스승으로 삼은 스티브 잡스에 의해 새로운 모바일 세상이 열렸다.

쇼펜하우어와 드라마 〈기상청 사람들〉

2022년 상반기에 〈기상청 사람들〉이라는 흥미로운 드라마가 방영되었다. 이 드라마를 흥미있게 지켜본 것은 드라마 소재로는 드물게 날씨를 예보하는 사람들의 일과 사랑을 균형감 있게 담아내서다. 〈기상청 사람들〉이 기존의 전문직 드라마와 다른 점은 대중적 선망과는 거리가 있는 '쉽게 욕받이가 될 수 있는' 사회필수요원으로서의 기상인을 선정했다는 점이다. 잘 해야 본전인, 대부분은 비판을 받고 있는 기상청 사람들을 대상으로 한 드라마가 잘 될까라는 질문이 왜 없었을까? 박민영, 송강, 윤박, 유라를 섭외해 두 커플의 러브라인으로 까다로운 시청자의 눈길을 끌기 위해 어떤 전략을 취해야 했을까? 제작진은 날씨와 사랑을 병치시키고 절묘하게 배합해 쳐대는 짜임의 방식으로 이러한 질문에 답한 것으로 보인다. 병치(juxtaposition)란 두 가지의 사물을 함께 배치하는 것을 뜻하는데, 미술에서 병치혼합(juxtapositional mixture)은 두 가지 이상의 색을 조밀하게 병치해 혼색되어 보이는 시각 현상을 말한다. 특히 씨줄과 날줄을 다른 색으로 옷감을 짜면 혼색의 효과가 나타나며, 미술 분야에서는 모자이크나 점묘법 등이 병치혼합의 사례라고 한다. 병치와 짜임의 또 다른 면은 삶에 대한 통찰에서 발견된다. 선영 작가는 인터뷰에서 "날씨만큼 종잡을 수 없는 사랑을 하고, 사랑만큼 변화무쌍한 날씨를 예측하는 사람들의 이야기이며, 날씨와 사랑 모두 의지와 무관하게 흘러가지만 그럼에도 그 시간을 견디고 책임지며 성장해 가는 우리 모두의 이야기다."라고 말했다. 인터뷰 내용은 쇼펜하우어 (Schopenhauer)의 『의지와 표상으로서의 세계』를 연상시킨다. 쇼펜하우어는 세계가 의지와 표상 두 가지로 구성되어 있다고 보았다. 의지(Wille)란 사람의 뜻이 아니라 모든 만물을 지금 그것으로 존재하게 하는 힘, 모든 사물의 내적 원리, 생명의 원리, 생명 에너지, 즉 자연 속의 모든 힘을 가리킨다. 이 의지의 작용에 따라 인간에게 인식되는 방식으로 드러나는 세계가 '현상 (Vorstellung)'이라는 것이 쇼펜하우어의 설명이다. 칸트(Kant)의 물자체와 현상계의 구분에서 영향을 받은 구분이다.

이를 드라마에 적용하면 우리에게 매일 주어지는 날씨는 일종의 현상일 뿐, 이것을 가능하게 하는 근원적인 충동으로서의 에너지는 따로 있다는 것이다. 사랑도 마찬가지일 것이다. 맘에 드는 사람을 만나 가슴이 두근거리는 것이 현상이라면, 그 뒤에는 우리의 의지와는 달리 누군가를 향해 달려가게 하는 우주적 힘이 존재한다고 볼 수 있다. 그렇기에 처참하게 끝난 첫 번째 사내연애의 실패 후에도 '미친 것처럼' 보이는 두 번째 사내연애에 과감하게 도전하게 된 것이다. 인간은 자신의 뜻에 따라 사랑에 도전하고 실패하고 또 새로운 사랑을 찾는 것으로 생각한다. 하지만 세상은 뜻한 대로 이뤄지는 것만은 아니

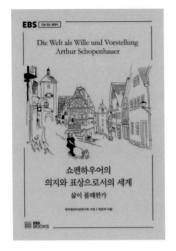

다. 갑자기 예상하지 못한 국지성 호우가 내리기도 하고, 미세먼지로 가시거리가 뚝 떨어지거나 열섬 현상으로 잠을 못 이루기도 하는 것처럼 사랑이 뜻대로 되지 않는다고 원망할 수 없다. 다만, 비가 오면 우산을 들고 집을 나서듯 사랑에 실패하면 침잠을 통해 또 다른 사랑을 만나기를 기다리면 된다(홍경수, 2022).

쇼펜하우어의 철학으로 드라마를 설명할 수 있다면, 반대로 쇼펜하우어의 철학적 사색을 바탕으로 드라마를 기획할 수 있는 것 아닐까? 〈기상청 사람들〉은 그러한 시도가 가능하다는 것을 암시해 준다.

시몬 베유의 관심과 상상력

새로운 콘텐츠를 기획하는 데 필요한 특성 중 하나인 관심 역시 철학자들의 관심에서 벗어나지 않았다. 시몬 베유(Simone Weil)는 타인의 고통을 자기 고통처럼 느꼈다. 제1차 세계대전 당시 군인에게 설탕이 없다며 자신도 설탕을 먹지 않겠다고 선언했고, 난방용 기름을 살 여유가 없는 노동자가 안쓰러워 아파트 난방을 하지 않았다. 심지어 "다른 사람들의 고통이 내 살과 영혼 속을 파고 들어온다."(Weiner, 2021, pp. 226-227)고 말하기까지 했다. 모든 눈부신 과학적 발견과 모든 뛰어난 예술작품, 모든 친절한 태도의 근원에는 순수하고 사심 없는 관심의 순간이 있다. 관심은 중요하다. 다른 무엇보다도 더, 관심은 우리의 삶을 형성한다. "지금 당장 우리가 주의를 기울이고 있는 것이 바로 현실이다."(James, 2005, p. 428)

관심의 질이 삶의 질을 결정하며, 우리가 어디에 관심을 기울이기로 결정했느냐, 더 중요하게는 어떻게 관심을 기울이느냐가 곧 그 사람을 보여 준다. 기억은 가장 주의를 기울인 순간일 확률이 높다. 우리의 삶은 가장 열중한 순간들의 총합 그 이상도 이하도 아니다(Weiner, 2021). 죽음을 목전에 두고 삶을 회고한다고 할 때, 어떤 기억들이 주마등처럼 스치고 지나갈까? 내가 가장 열중한 순간들 아닐까?

시몬 베유의 관심은 칙센트미하이(Csikszentmihalyi)의 몰입(flow)과 연결된다. 칙센트미하이는 몰입을 '그 자체를 계속 추구하게 될 정도로 매우 보람찬 상태'로 정의했다. 깊이 몰입한 사람은 자기 자신에게 몰두한 것이 아니다.

그 순간에는 몰입할 자신이 사라지기 때문이다. 음악가는 없고 오로지 음악만이 존재한다. 가장 강렬하고 너그러운 형태의 관심에는 다른 이름이 있다. 바로 사랑이다. 관심은 사랑이다. 사랑은 관심이다. 불행한 사람이 이 세상에서 유일하게 필요로 하는 것은 다름 아닌 자신에게 관심을 줄 수 있는 사람이다. 관심은 우리가 주어야 하는 전부다. 돈이나 칭찬, 조언을 포함한 나머지는 불충분한 대체재다. 누군가에게 시간은 주지만 관심은 주지 않는 것은 그 무엇보다도 잔인한 사기다. 베유에 따르면, 짧은 질문 하나가 마음을 녹이고 인생을 바꿀 수 있다. "지금 무슨 일을 겪고 계신가요?" 집중은 강제할 수 있지만, 관심은 강제할 수 없다. 집중은 수축하지만, 관심은 확장한다. 집중은 사람을 피로하게 하지만, 관심은 피로를 회복시켜 준다. 모든 부주의는 이기심의 한 형태다. 우리는 그게 무엇이든 간에 자기 머릿속에서 일어나는 일이 나머지 세상에서 일어나는 일보다 더 흥미롭고 중요하다고 판단한다. 나르시시스트들이 그토록 부주의한 것이다. 그들의 관심은 억눌려 있고, 정체되어 있다. 관심은 우리 삶의 피다. 피는 잘 돌아야 한다. 관심을 썩히는 것은 곧 삶을 죽이는 것이다(Weiner, 2021).

"예전에는 가난하고 어렵지만 열심히 살아가는 사람들 장애도 치료해 주거나 집을 고쳐 주는 방송도 있었다. 요새는 연예인들이 방송사 돈으로 국내외 여행을 가고 먹고 마시거나 준재벌 3세의 수십 억대 아파트 소개나 가난하지 않은 연예인들의 집 정리를 도와주는 방송들이 나온다. 방송들이 낯설다." 최근의 방송 경향을 본 한 네티즌의 감상이다. 방송과 시청률은 있지만, 힘없는 사람들, 가난하지만 열심히 살아가는 사람들은 쏙 빠져 버린 최근의 방송에는 '철학'이 느껴지지 않는다. 세상에 대한 관심과 사랑이 있다면 이와 같은 인터넷 글이 나올 리가 없다. 물론 시대가 바뀌었기에 가난한 사람을 돕거나 치료하고 고쳐 주는 방송을 계속할 이유는 없다. 다만, 다양한 시청자를 위로하는 희망을 주는 방송이 몇 개는 있어야 하는 것 아닐까? 우리가 보고 있는 것만이 전부가 아니라는 사고의 전환을 환기하는 방송도 필요한 것 아닐까? 철학을 통한 기획은 방송의 패러다임을 바꿀 만큼 힘을 갖는다.

결국 좋은 사람이 좋은 기획을 한다

지금까지 콘텐츠 기획의 토대가 되는 다양한 학문적 근거를 통해 기획의 방법론을 살펴보았다. 기획에는 하늘과 땅과 사람이라는 요소가 중요하다는 천지인 기획법 그리고 마샬 맥루한의 미디어 이론을 통해서는 미디어가 사람에서 출발했다는 사실을 확인했다. 사람이 미디어의 시작이고, 콘텐츠 기획의 출발점이라는 평범한 진리를 다시 확인했다. 좋은 콘텐츠를 기획하기 위해서는 사람을 아는 게 가장 중요하다. 사람은 결핍의 존재이고, 욕구와 요구와 욕망의 충족을 기대하는 존재다. 결핍 때문에 사람의 욕망이 계속 미끄러지고, 욕망은 좀처럼 충족되지 않는다. 그런 한계 때문에 사람들은 변화를 갈망하고 콘텐츠를 보는 궁극적인 이유 역시 변화다. 변화는 인간의 조건에 의해서 생겨난 필연적 결과라고 할 수 있다. 결국 매력적인 콘텐츠를 기획하기 위해서는 매력적인 기획자가 되는 수밖에 없다. 끌리는 콘텐츠를 만들려면 끌리는 기획자가 되어야 한다. 수용자는 이제 콘텐츠를 볼 때, 콘텐츠 자체뿐만 아니라 누가 이 콘텐츠를 누가 기획했는지 알고 싶어 한다. 따라서 좋은 콘텐츠를 기획하기 위해서 좋은 사람이 되는 것부터 시작해야 한다. 지극히 평범하고 단순한 진리를 알았다면, 당신은 기획자로서 성장할 튼튼한 토대를 이미 놓은 것이다.

참고문헌

임석진, 여훈근, 한단석, 강대석, 강영계(2008). 철학사전. 서울: 중원문화.

홍경수(2022. 4. 7.). 병치와 짜임, 그리고 의지와 표상으로서의 기상과 사랑. PD저널.

James, W. (2005). 심리학의 원리(*The Principles of Psychology*). 정양은 역. 서울: 아카넷.

Platon (2017). 소크라테스의 변명/크리톤/파이돈(*Apologia Sōkratous/*

Complete Works/Sämtliche Werke). 천병희 역. 서울: 도서출판숲.

Russell, B. A. W. (2007). 서양의 지혜/철학이란 무엇인가(*Wisdom of the West/Problems of Philosophy*). 정광섭 역. 서울: 동서문화사.

Weiner, E. (2021). 소크라테스 익스프레스(*Socrates Express*). 김하현 역. 서울: 어크로스.

新村出 (2018). 広辞苑. 岩波書店.

https://blog.naver.com/gawoo1323/222639335137

저자 소개

홍경수(Hong, Kyung Soo)

아주대학교 문화콘텐츠학과 교수로 재직하고 있다. 고려대학교 신문방송학과를 졸업하고, 서울대학교 대학원 언론정보학과에서 석사학위와 박사학위를 받았다. 1995년 KBS에 22기 TV 예능 PD로 입사하여 〈열린음악회〉〈가요무대〉〈이소라의 프로포즈〉등 음악쇼 프로그램을 만들었으며, 〈낭독의 발견〉〈단박인터뷰〉를 처음 기획했다. 〈낭독의 발견〉으로 K2 프로젝트 우수기획상, 민주언론시민연합 이달의 추천방송상, 한국방송대상 우수작품상 등을 수상했다. 순천향대학교 교수를 거쳐 아주대학교에서 근무 중이며, 2022년 아주대학교 우수교육교수상(Teaching Award)을 수상했다. 백상예술대상, 한국방송대상, 국제에미상 심사위원을 맡았고, TBS 시청자위원장, KBS 경영평가위원, 한국방송학회 및 한국언론정보학회 이사를 역임했다. 현재는 한국언론학회 49대 부회장으로 활동하고 있다. 집필한 책으로 2022년 세종도서 교양부문에 선정된 『오징어 게임과 콘텐츠 혁명』(공저, 인물과사상사, 2022) 외에 『당신의 발밑에는 피렌체보다 화려한 부여가 있다』(공저, 북카라반, 2022), 『보랏빛 섬이 온다』(공저, 학지사, 2022), 『기획의 인문학』(해의시간, 2019), 『예능 PD와의 대화』(사람in, 2016), 『확장하는 PD와의 대화』(사람in, 2014), 『영상 카피라이팅, 이론과 실제』(올리브그린, 2014) 등이 있다. 방송 정책과 콘텐츠 비평, 크리에이터 연구 및 지역 재생 등에 관심을 가지고 연구하고 있다.

E-mail: hongks@ajou.ac.kr

〈강의 경력〉

- 현대카드 신입사원 연수 특강
- KBS 연수원 중견사원 연수 특강
- 공무원인재개발원 고위정책과정 연수 특강
- 서울시민대학 교양과정
- 부산시 공무원 연수 특강 등 다수

학지컴인사이트총서 009

나는 오늘부터 힘센 기획자가 되기로 했다

콘텐츠 기획·개발 연구자 홍경수의 KBS 인재개발원 연수강의 핵심 정리

I Decided to Be a Strong Contents Planner From Now On

2023년 2월 20일 1판 1쇄 인쇄
2023년 2월 28일 1판 1쇄 발행

지은이 • 홍경수
펴낸이 • 김진환
펴낸곳 • ㈜ **학지사**

04031 서울특별시 마포구 양화로 15길 20 마인드월드빌딩
대표전화 • 02-330-5114   팩스 • 02-324-2345
등록번호 • 제313-2006-000265호

홈페이지 • http://www.hakjisa.co.kr
페이스북 • https://www.facebook.com/hakjisabook

ISBN 978-89-997-2870-9 03320

정가 17,000원

출판미디어기업 **학지사**

간호보건의학출판 **학지사메디컬** www.hakjisamd.co.kr
심리검사연구소 **인싸이트** www.inpsyt.co.kr
학술논문서비스 **뉴논문** www.newnonmun.com
교육연수원 **카운피아** www.counpia.com